Ein Leben entstanden aus den Trümmern
des 1000-jährigen Reiches

(dennoch mit Freude gelebt)

Ich danke Herbert Meurer für Hilfe und Inspiration bei der Erstellung des Buches. Ohne seine schriftstellerische Erfahrung wäre ich mit meinen Memoiren wahrscheinlich nie zu „Potte" gekommen.

Der Umschlag wurde bildlich von Annelie Meurer gestaltet, auch ihr meinen besten Dank.

Zu diesem Buch
Gustav Bontemps hat viele Jahre als erfolgreicher Unternehmer von Köln aus operiert. Mit seinem Betrieb entwickelte und stellte er u.a. Pfosten her, die das ganze Stadtbild geprägt haben. Für die KVB (Kölner Verkehrsbetriebe) war er ebenfalls innovativ tätig. Bis fast zum 75igsten Geburtstag war er beratend und erfolgreich tätig.

Ein Leben entstanden aus den Trümmern

des 1000-jährigen Reiches

(dennoch mit Freude gelebt)

von

Gustav Bontemps

Impressum
Bibliografische Information der Deutschen Natio-
nalbibliothek: Die Deutsche National Bibliothek ver-
zeichnet diese Publikation in der Deutschen Natio-
nalbibliografie; detaillierte bibliografische Daten sind
im Internet über http://dnb.dnb.de abrufbar.

© 2019 Dritte Auflage, Gustav Bontemps

Lektorat: Herbert Meurer
Umschlaggestaltung: Annelie Meurer

Herstellung und Verlag: BoD – Books on Demand,
Norderstedt ISBN: 978-3-7494-6942-0

Inhalt

1. Bontemps

Der Name Bontemps oder gute Zeit, trägt in sich schon eine gewisse Verpflichtung. Bereits mein Französischlehrer machte gerne daraus "bon temps" und nicht nur er. Bei allen Lehrern prägte sich immer schneller Bon temps ein, als Schmitz oder Meyer, mit entsprechenden Folgen für mich. Im Zweifelsfalle wurde ich dann immer aufgerufen. Und "bon temps" hatte meine Familie nach meiner Geburt 1939 zunächst wahrlich nicht. Die Zeit des Krieges und anschließend die Nachkriegszeit waren eher "mauvais moments", also schlechte Zeiten. Ich wurde in Königsberg geboren, das heutige Kaliningrad, wo meine Eltern Anfang der dreißiger Jahre von Köln hingezogen waren. Mein Vater hatte dort eine bessere Anstellung bei den Königsberger Verkehrsbetrieben gefunden.

In der Kranzler Allee, der Straße, in der wir wohnten, gab es nicht weit von unserer Wohnung eine Kaserne und eine Tierversuchsanstalt. Von dort hatte ich ein Angora Kaninchen geschenkt bekommen. Ein Gefangenenlager für russische Kriegsgefangene gab es ebenfalls in der Nähe.

Von 1941 bis 1945 wurden ca. 5 Millionen russische Kriegsgefangene inhaftiert, von denen 3,3 Millionen in der Gefangenschaft starben, und 80.000 jüdische Rote Armee Angehörige wurden hingerichtet.

Die unendliche Leidensgeschichte der russischen Kriegsgefangenen war für mich mit 4 Jahren nicht erkennbar, sie aber konnten hervorragendes Spielzeug herstellen. Das tauschten sie durch den

Stacheldrahtzaun gegen Brot, was bei Strafe strengstens verboten war.

Mein Freund, ich erinnere mich nicht mehr an seinen Namen, hatte ein Stück Brot gegen ein tolles Flugzeug eingetauscht. Ich hatte kein Brot.

Meine Mutter traute sich nicht Brot für mich und meine privaten Zwecke herauszurücken; das war der Anfang meiner langen Leidenszeit, natürlich auch kriegsbedingt, einer fast spielzeuglosen Jugend.

2. Königsberg

Die Erinnerung setzt ein mit dem Kaninchen, das ich leider sofort wieder zurückgeben musste und den Kriegsgefangenen. Ansonsten war Krieg ein diffuser Begriff für mich. Bombennächte fanden im Westen statt. Bis zu uns kamen die Bomber noch nicht und die russische Luftwaffe war nicht in der Lage Königsberg zu erreichen.

Aber dann 1944 rückte die Front bedrohlich auf Königsberg zu. Mein Vater, der in Russland in der Etappe (im militärischen Sinne das Gebiet hinter der Front) Lkws reparierte, war sein Leben lang sehr obrigkeitshörig. Da Hitler, der Krieg war praktisch seit Stalingrad verloren seinen mittlerweile ängstlichen Untertanen die Wunderwaffe versprach, glaubte mein Vater natürlich daran und beschwor telefonisch und brieflich meine Mutter die „Stellung" zu halten, sprich in Königsberg zu bleiben.

Ein guter Freund der Familie, sein Name war Bach, war in führender Position bei der Straßenbahn in Königsberg und deswegen nicht an der Front. Die

Räder mussten rollen, laut NSDAP Terminologie, auch wenn es nur Räder von Straßenbahnen waren. Dieser Mann also stellte uns kurz entschlossen einen Bus vor die Tür, erklärte meinen Vater für verrückt und fuhr uns mit Sack u. Pack zum Bahnhof, um mit dem nächsten Zug nach Sachsen verschickt zu werden.

Möglicherweise habe ich, wie auch meine Mutter und meine Schwestern ihm unsere Leben zu verdanken.

Ein paar Wochen später war Königsberg eingekesselt, es gab nur noch die Flucht über das zugefrorene Haff. Wer das geschafft hatte, wollte in der Danziger Bucht auf das damals größte Kreuzfahrtschiff Wilhelm Gustloff, welches sich laut Befehl von General Dönitz an der Operation Hannibal beteiligte. In der Mittagsstunde des 30. Januar sticht die Gustloff mit 10.000 Menschen von Gotenhafen aus in See. Es drängen sich 8.800 Zivilisten (überwiegend Frauen und Kinder) und 1.500 Wehrmachtsangehörige an Bord. Die Stimme Hitlers dröhnt aus allen Lautsprechern. (Ansprache zum 12. Jahrestag der Machtergreifung). Nachts gegen 21:15 Uhr feuerte das russische U-Boot „S 13" drei Torpedos auf die Gustloff und traf. 23 Seemeilen vor der pommerschen Küste starben über 9000 Menschen. Die genaue Zahl der Toten ist nicht bekannt, weil unmittelbar vor dem Auslaufen aus Gotenhafen, noch viele Flüchtlinge in Panik das überfüllte Schiff gekapert haben. 1252 Menschen überlebten diesen Untergang.

Unser guter Freund Bach konnte sich selbst nicht retten, er starb bei der Erstürmung Königsbergs durch die Russen.

3. Kleiner, ostpreußischer Pyromane

Sobald ich etwas selbständiger war, also mit ca. 4 Jahren, faszinierte mich das Feuer. Deshalb versteckte meine Mutter immer die Streichhölzer vor mir. Aber irgendwie gelang es mir doch oft, die begehrten Hölzer zu ergattern.

Vor meinem Freund und mir war nichts sicher was brennbar war.

Meistens waren unsere pyrotechnischen Versuche harmlos. Hier ein bisschen Stroh und da ein trockener Busch wurden schon mal Opfer der Flammen. Dann fiel uns aber das Auto eines Nachbarn ins Auge.

Der gute Mann, der wohl an der Front war, hatte sein Auto im Hinterhof aufgebockt. Alle Räder waren abmontiert und die Türen wie auch die Sitze entfernt.

Er hatte das gemacht, weil er Angst hatte sein Auto könne im Krieg requiriert werden. Die Franzosen praktizierten tatsächlich so etwas, allerdings hatten sie nur Taxis und Busse im Visier, die dann konfisziert wurden.

Wir Jungen waren wohl der Meinung, dass in dieser ausgeschlachteten Form das Auto keinen Wert mehr darstellte. Also sammelten wir trockenes Gras und Äste, schichteten alles sorgfältig in das Innere des Wagens und steckten das Ganze an.

Es war Sommer und meine Mutter hatte die Fenster offen und war dabei die Betten zu machen, als eine mittlere Rauchwolke vor ihrem Fenster aufstieg.

In einem solchen Falle überlegte meine Mutter nicht lange denn sie kannte ihren Sohn genau. Sie schnappte sich einen Eimer Wasser und stürmte aus dem Haus, um das Feuer zu löschen. Meine Mutter war als Feuerwehrfrau schnell und geübt durch das seltsame Hobby ihres Sprösslings. Das Auto war im Nu gelöscht, noch bevor jemand in der Nachbarschaft etwas bemerkt hatte.

Allerdings die anschließende Tracht Prügel, ein in der Zeit noch beliebtes Erziehungsritual, war auch nicht von schlechten Eltern und bis heute nicht vergessen.

4. Heidenau bei Dresden

Im Dezember 1944 kamen wir nach Dresden. Dresden galt bis dahin noch als relativ sicher vor Bombenangriffen.

Köln hatte bis dahin schon Einiges abbekommen, andere Städte, wie z.B. Hamburg ebenso.

Wir kamen nach Heidenau der Kleinstadt nicht weit von Dresden und wurden zunächst in einem Flüchtlingslager untergebracht mit riesigen Schlafsälen und Toiletten, die mir heute noch, 75 Jahre später in grauenvoller Erinnerung sind. Dann wurden wir privat einquartiert, in einem totalitären Staat kein Problem. „Was, sie haben drei Zimmer und sind nur zwei Personen, hier bekommen sie drei dazu" und es waren keine Zimmer gemeint! Das bedeutete, wir bekamen ein kleines Zimmer zu dritt und hatten fortan mit den unfreiwilligen und natürlich unfreundlichen Wirtsleuten ein kleines Bad zu teilen.

Begeistert waren die Wirtsleute ob dieses Zustandes natürlich nicht. Dann kam Weihnachten. Ich habe 1944 mein bis heute schlimmstes Weihnachtsfest erlebt.

Meine Mutter hatte, unter größten Schwierigkeiten, einen etwa 30 cm hohen künstlichen Weihnachtsbaum beschafft. Den schmückte sie mit ungefähr 5 winzigen Kerzen und zur Bescherung gab es für mich und meine 4 Jahre ältere Schwester Greta ein gebrauchtes Mühlespiel und Damespiel. Kriegswinter 1944, danke unserem Führer! Die Bemühungen meiner Mutter habe ich aber bis heute nicht vergessen.

Hier in Heidenau hatte ich auch meine erste Begegnung mit Homosexualität, gerade mal 5 Jahre alt.

Ich hatte auf der Straße einen ungefähr gleichaltrigen Spielkameraden gefunden.

Wir verstanden uns prima und wurden Freunde. Der neue Freund hatte mehrere Geschwister, unter anderem einen etwa 11-12jährigen Bruder. Dieses Ekelpaket hatte Gefallen an mir gefunden. Wann immer er mich sah, rannte er hinter mir her.

Er drängte mich in eine dunkle Ecke, steckte seine Hand in ein Hosenbein meiner kurzen Hose und befummelte mein Glied. Wir alle trugen auch im Winter kurze Hosen mit langen Strümpfen und Strumpfhaltern. Es gab nichts anderes. Das fand ich selbst als kleiner Junge doof, aber in der Not, aus Geldmangel, waren lange Hosen nicht drin. Da ich versuchte mich gegen das Gefummel zu wehren, bekam ich auch noch eine Tracht Prügel von dem Kerl. Ich traute mich nicht das meiner Mutter zu erzählen, es war mir selbst als kleiner Junge nur peinlich.

Mein Freund hat nie verstanden warum ich blitzartig verschwand, wann immer sein Bruder in der Ferne auftauchte. Meine Beteuerungen, das wäre nur die Schuld seines Bruders, konnten mich fortan nicht von einem kolossalen Sprint abhalten. Ich war aus

Erfahrung schlau geworden. In meinem Leben bin ich dann noch häufiger mit dieser Spezies Mann konfrontiert worden. Durch die Erlebnisse als kleiner Junge wusste ich sofort was die Stunde geschlagen hatte und konnte mich besser schützen.

Wir haben auch Dresdens dunkelste Stunde miterlebt, es war der 13. und 14. Februar 1945, als Dresden, überfüllt mit Flüchtlingstrecks, von den Engländern praktisch dem Erdboden gleich gemacht wurde.

Unrühmlich ist hier das Flächenbombardement (Carpet Bombing) von Sir Arthur Travers Harris zu erwähnen.

Der Angriff erfolgte in zwei Wellen.

Die erste Welle setzte dreiviertel der Dresdener Altstadt in Brand, bei der zweiten Welle wurde mit ca. 1500 Tonnen Stabbrandbomben, Dresden der Rest gegeben.

Genaue Zahlen über die Toten liegen nicht vor durch die vielen zusätzlichen Flüchtlingstrecks, die in den Straßen Dresdens unterwegs waren. Schätzungen liegen aber bei 25.000 Toten.

Harris als Oberbefehlshaber der RAF (Royal Air Force) ließ nicht nur Industriegebiete zerbomben. Durch diese Bombardements wurden zivile Gebiete und Zivilbevölkerung in Mitleidenschaft gezogen.

Gott sei Dank lebten wir etwas außerhalb dieses Infernos, nämlich in Heidenau. Uns wurde aber morgens, am 15. Februar 1944 das Grauen in Form von schwarz verrußten Menschen vor Augen geführt, die dieser Hölle, dem Inferno entkommen waren und nun flüchteten.

5. Allgäu

Es war Ostern oder kurz vor Ostern 1945, als wir innerhalb von 4 Stunden unsere Sachen packen mussten.

Ich war mit meiner Mutter auf einer Anhöhe etwas außerhalb von Heidenau beim „Hamstern" auf einem Bauernhof. Unsere Nachbarin kam aufgeregt angerannt, offensichtlich von der Angst getrieben, wir würden ihr und ihrem Mann weiter auf der Tasche liegen, wenn wir den Zug verpassen würden der laut „Marschbefehl" für uns bereitstünde.

In Windeseile packte meine Mutter unsere Siebensachen zusammen und wir erreichten den Zug zur rechten Zeit.

Im Allgäu angekommen empfand ich zum ersten Mal in meinem, bis dahin kurzem Leben, ins Paradies verfrachtet worden zu sein.

Natürlich wurden wir auch hier wieder nicht mit offenen Armen empfangen, das kannten wir aber schon.

Bis zur Ankunft im Allgäu hatte ich den Krieg erlebt. Aber hier im Allgäu waren Krieg nur Kondensstreifen am Himmel. Wir Kinder durften nicht mit Fingern darauf zeigen, denn zur Strafe hätten wir ja bombardiert werden können.

Krieg war für mich bis dahin Flüchtlingstrecks zu sehen, Verwundete, Kranke und vor allem auch Hunger zu haben. Aber das Allgäu, das war genug Essen, wenn auch nicht für die Flüchtlinge, aber die kleinen roten Kartoffeln, die für die Schweine bestimmt waren, bekamen wir auch, aber das war viel mehr als in

Dresden und die Hühner legten ihre Eier nicht nur im Stall. Was für verständnisvolle Tiere.

Ich war 5 Jahre alt und fand heraus, dass ich durch etwas Cleverness mir das Leben leichter machen konnte. Als mir nachmittags meine Mutter mangels Masse kein Butterbrot geben konnte, setzte ich mich zu der alten Bäuerin in die Stube, um ihr etwas Gesellschaft zu leisten.

Sie ahnte wohl, dass ich Hunger hatte und machte mir eine Scheibe herrlichen, frischen Brotes, dick mit Butter bestrichen.

Anschließend wurde ich allerdings auf das Feld geschickt, um dem Bauer beim Heu aufladen zu helfen.

Ich kannte mich schon gut aus und wusste genau wo der Bauer arbeitete. Trotzdem brauchte ich natürlich sehr lange, um dort hinzukommen. Aber es reichte noch, um nur einmal mit dem Reschen hinter dem Wagen herzugehen und meine Stulle war bezahlt bzw. abgearbeitet. Dann durfte ich, hoch auf dem Wagen mit zurück ins Dorf fahren und dann gab es noch eine zünftige Vesper.

Auf Nachfrage der Oma beim Bauer, ob ich geholfen hätte, konnte dieser das selbstverständlich bejahen.

Und dann Weihnachten 1945, welch ein Unterschied zu 1944!

Die Bauern dort waren nicht sonderlich großzügig, aber Weihnachten plagte sie offensichtlich ihr schlechtes Gewissen.

Ich bekam eine riesige Burg geschenkt, aus Holz gefertigt, mit Soldaten aus Zinn und allerlei Tieren.

Dazu gab es ganz viel Gebäck. Es war der Himmel auf Erden.

Das die Burg gebraucht war und wahrscheinlich einmal einem inzwischen Erwachsenen gehört hatte, tat der Freude keinen Abbruch.

6. Nachkriegszeit

Die relativ schöne, aber kurze Zeit im Allgäu ließ mich das Ende des Krieges erleben, nicht aber die Nachkriegswehen vergessen lassen.

Im Sommer 1946, mein Vater war aus der Kriegsgefangenschaft zurück und tauchte prompt bei uns auf. Er war ein fremder Mann für mich. Heute weiß ich, diese fehlenden Jahre haben das Verhältnis zu meinem Vater nie herzlich werden lassen denn ich hatte ihn praktisch 3 Jahre nicht gesehen. Ich nehme an, so wird es vielen Kriegskindern gegangen sein.

Zumindest für meinen Vater war ich dann auch immer so etwas wie das schwarze Schaf in der Familie. Er hatte sich immer einen Sohn gewünscht, nach zwei Mädchen. Aber der sollte auch perfekt sein.

Ich hatte aber ein Problem, das ihn ganz verrückt machte.

Im Krabbelalter habe ich mich mit heißem Kaffee sehr stark verbrüht, indem ich an der Tischdecke gezogen habe. Auf der stand eine heiße Kanne mit Kaffee.

Laut Auskunft meiner Mutter war ich danach für einige Wochen ans Bett gefesselt und bedingt durch die Brandblasen mit einem Verband eingewickelt. Ich konnte deshalb nicht mehr auf das Töpfchen gesetzt werden. Ich war vor dem Unfall offensichtlich schon „sauber", jetzt musste ich mich melden, wenn ein Bedürfnis anstand.

Ich hatte meine Blase dadurch für lange Zeit nicht mehr unter Kontrolle und war wie es volkstümlich heißt, Bettnässer.

Ich hatte noch bis ich in die Schule kam, ab und zu noch, nachts diese unangenehmen Erlebnisse.

Das war für meinen Vater natürlich ein rotes Tuch und ich habe so manches Mal eine Tracht Prügel dafür bekommen.

Meine Schwester Greta dagegen war sein Liebling, gute Schülerin und mit ihren langen blonden Zöpfen das Idealbild des „deutschen Mädels". Sie putze auch noch seine Schuhe.

Meine Schwester Heide war mittlerweile auch von meiner Mutter wieder eingefangen worden. Sie holte sie aus irgendeinem Lager im Süddeutschen und so zogen wir in die ca. 45qm große Wohnung meiner Großmutter in Köln-Kalk. Das hieß, 6 Personen in drei kleinen Zimmern, wobei meine Großmutter natürlich ein Zimmer für sich hatte, schließlich war es ja auch ihre Wohnung.   Diese Zeit war zwar im Gegensatz zum Allgäu eine arme Zeit, es gab – 1946 – so gut wie nichts zu essen.

Allerdings für uns Jungs auf der Straße war es auch eine abenteuerliche Zeit.

Nichts war vor uns sicher – wir waren auch weitgehend uns selbst überlassen, da die Eltern im Überlebenskampf eingebunden waren, aber es war Abenteuer pur.

Natürlich waren auch Mädchen in unserer Gang und Sandkastenspiele an der Tagesordnung. Altersmäßig waren 6-jährige, aber auch 11-jährige vertreten. Zu den 6-jährigen zählte ich!

Wir spielten zu etwa 6 bis 8 Kinder mit einem alten Ball meistens aus Stoff, es gab ja nichts anders, als plötzlich der älteste Junge das Spiel abbrach. Er rief die älteren zu sich, Jungens und Mädchen. Die verschwanden dann mit ihm im Gebüsch des Parks, an dem wir wohnten. Aber wir sechs- und siebenjährige Kleineren durften nicht mit. Ordnung muss sein.

Wir waren natürlich neugierig und manchmal erspähten wir auch Details. Aufklärung hatten wir nicht nötig.

Jeder von uns hatte, kriegsbedingt, Einzelheiten mitbekommen. Vergewaltigungen, Geburten, engste Wohnverhältnisse, jeder konnte Details berichten.

Bei diesen Sandkastenspielen wurden den Mädchen die Unterhosen runtergezogen, die Jungens entledigten sich auch des störenden Stoffes und drückten dann ihr Geschlechtsteil an den Unterleib der Mädchen.

Das hatte man so oder so ähnlich schon gesehen. Natürlich kam es, altersbedingt, nicht zum richtigen Geschlechtsverkehr, aber reizvoll war es allemal.

Einmal hatten dann zwei „Pärchen" wohl doch das ganze übertrieben, sie spielten dieses Spiel auf der „Bleiche", das ist die Wiese zwischen den Wohnblocks, wo die Wäsche getrocknet wurde, natürlich auch einsehbar.

Das hat dann einen riesigen Aufstand gegeben. Mit diesen Kindern durften wir nicht mehr spielen.

7. Klüttezoch hält

Es gab wenig zu essen und wenn meine Mutter nicht eine reiche Tante gehabt hätte, siehe nachfolgendes Kapitel, wäre es uns noch schlechter ergangen.

Aber genauso schlimm war es, dass es kein Brennmaterial gab. Die Kohle, die reichlich im Ruhrgebiet gefördert wurde, ging als Reparation, also als Wiedergutmachung an die Alliierten; wir konnten also erfrieren.

Allerdings musste die Kohle, nachdem sie bei uns gefördert und die Briketts gepresst wurden, noch einen langen Weg durch Deutschland antreten bevor sie das rettende Ufer, sprich die Grenze erreichte.

Es gab kaum intakte Eisenbahnbrücken über den Rhein, bzw. wieder instandgesetzte, aber eine davon doch, zu unserem Glück in Köln-Poll, die Südbrücke. Und die Verbindung aus dem Ruhrgebiet zur Südbrücke ging justament in unserer Nähe vorbei.

Da die Strecke ziemlich überlastet war, stoppte der so genannte "Klüttezoch" sehr oft, praktisch vor unserer Türe.

Dann stürmten Jung und Alt mit Säcken bewaffnet den Bahndamm und erleichterten den Zug um etliche Zentner. Dieses "Klütte stehlen" wurde übrigens in der Sylvester- Ansprache 1947 vom damaligen Kardinal Joseph Frings genehmigt und nicht als Sünde angesehen, wenn man sonst frieren oder gar erfrieren musste. Seit dem hieß das "Klütte stehlen" bei den Kölnern nur noch „wir gehen fringsen".

Ich hätte auf dem Bahndamm beinahe mein junges Leben ausgehaucht. Als ein Klüttezoch ausnahmsweise Mal durchfuhr, stand ich oben auf dem

Bahndamm und sah sehnsüchtig auf die vorbeirasenden Kohlen.

Plötzlich öffnete sich vor mir eine Waggontür und Briketts fielen in meine Richtung auf den Bahndamm. Ich vermute, dass bei einem vorherigen Halt des Zuges, ein Brennstoffsuchender versucht hatte die Waggontür aufzumachen. Doch kurz bevor er sie aufhatte, ist der Zug offensichtlich weitergefahren.

Ich bin mit einem gewaltigen Satz rückwärts den Bahndamm hinuntergesprungen, sonst wäre ich von der Tür erschlagen worden.

Auf einem Baumstumpf bin ich aufgeschlagen. Ich dachte ich hätte mir das Kreuz gebrochen und lag dort noch als die ersten Nachbarn mit Eimern und Säcken angerannt kamen, um die herausgefallenen Briketts einzusammeln.

Wie ich nach Hause gekommen bin, weiß ich bis heute nicht.

8. Köttfahrt nach Hamburg mit Dampfloks

Meine Affinität zur Schiene, sprich zur Eisenbahn, stammt aus den Jahren 1946-47.

Wie gesagt, wir hungerten und meine Mutter, in unserer Familie diejenige die wohl den größten Durchblick für die Realität hatte, war mit einer Tante gesegnet, die recht wohlhabend in Hamburg lebte.

Etwa 2x im Jahr fuhr ich mit meiner Mutter nach Hamburg, um die Tante anzupumpen. Wir kehrten dann im günstigsten Falle mit einem goldenen Ring oder einer Brosche zurück, die von meiner Mutter dann gegen Kartoffeln, Butter oder Zigaretten der Marke Camel getauscht wurde. Aber um von Köln

nach Hamburg zu kommen, mussten wir den Zug nehmen und das bedeutete für uns Dampflokfahrten,
da das spärliche Oberleitungsnetz durch Kriegseinwirkungen zerstört war.
Im Hamburger Hauptbahnhof standen dann oftmals 3 oder 4 mächtige Dampfloks nebeneinander und man konnte von oben, die Bahnsteige hatten Überführungen, diese Dampfrösser bestaunen.
Das war ein imposantes Bild und seit der Zeit bin ich Eisenbahnfan.
Trotzdem war ich froh, wenn wir nach der langen Bahnfahrt durch die verschmierten Abteilfenster wieder den Kölner Dom sehen konnten.

9. Fred

Ich schreibe bewusst nicht " mein Freund Fred", weil ich ein ganzes Leben, nämlich ca. 60 Jahre gebraucht habe, um festzustellen, dass "mein Freund Fred" tatsächlich vollkommen danebenliegt.
Mir sind im Alter von 68 Jahren die Augen geöffnet worden, dass ein Teil meiner schönen Jugenderinnerungen auf einem großen Irrtum beruhte. Der so genannte beste Freund war tatsächlich ein kleiner Egoist.
Ich machte als Hobby einmal in der Woche Englisch, sprich ich ging in die VHS, um meine Englischkenntnisse zu verbessern. Dort mussten wir als "Homework" einen Aufsatz schreiben, Thema: "Mein bester Freund".
Mir fiel als erstes Fred ein, mit dem ich ein Teil meiner Jugend verbracht hatte. Ich habe dann diesen

Aufsatz geschrieben und anschließend in der Klasse vorgelesen.

Als ich fertig war, wurde ich von den anderen Kursteilnehmern gefragt, wieso ich so jemanden als besten Freund bezeichnet hätte.

Ich verstand damals diese Kritik nicht.

Tatsächlich hatte ich die nicht unerheblichen Macken von Fred sehr wohl registriert, aber es nie wirklich zu Ende gedacht, dass diese Jugendsünden an sich Charakterfehler waren, die sich jetzt im Alter wieder verstärkt durchdrückten.

Wir waren nach dem Krieg, wie ich vorher schon geschildert habe, wirklich arm. Auch als das so genannte Wirtschaftswunder schon zu greifen begann, ging es uns noch nicht gut. Mein Vater hatte sich 1948 selbstständig gemacht und die ersten Jahre waren sehr schwierig und entbehrungsreich.

Der Vater von Fred hatte aber eine sichere Meisterstelle bei Klöckner-Humboldt-Deutz in Köln. Er war übrigens, genauso wie seine Frau, ganz patent, großzügig und verdiente ordentlich. Das verdankte er auch der Tatsache, dass er manch schönes "Lapp Öhrchen" machte, indem er einem mit ihm verwandten Bauern im Bergischen dringend benötigte Drehteile bei Humboldt unter der Hand fertigen ließ. Genannt wurde das „Kölscher Klüngel"! Man kennt sich, man hilft sich.

Wirtschaftlich ging es ihnen viel besser als uns, was sich später, als der Laden meines Vaters besser lief, allerdings änderte.

Nun gab es zu dieser Zeit wohl Radioprogramme mit Hörspielen als Unterhaltung, aber noch kein Fernsehen. Es wurde entsprechend viel gelesen. Bei uns Jungen waren die Bücher von Karl May sehr begehrt, wenn man denn so ein Buch sein Eigen nennen konnte. Fred bekam von seiner Großmutter, zu dieser Zeit war er einziger Enkel, zu jedem Geburtstag und zu jedem Weihnachtsfest einen Karl May geschenkt. Ich besaß keinen einzigen und bei meiner Frage, ob ich mal einen geliehen bekommen könnte, bekam ich zur Antwort, Bücher verleiht man nicht.

Dann die Kirmes Episode. Also das Kirmesvolk war da, mit Karussells, Buden, Zuckerwatte und anderen Köstlichkeiten und wir wollten natürlich teilhaben.

Fred ging mit mir zu seiner Mutter, ich ging mit, und er fragte nach Geld. Er bekam 50 Pfennige, was zu der Zeit ordentlich war. Zum Vergleich ein Brötchen kostete 5 Pfennige.

Dann gingen wir zu meiner Mutter – wir schrieben das Jahr 1949 – und meine Mutter konnte mir mangels Masse nichts geben. Also trottete ich hinter Fred her in der Hoffnung evtl. etwas von seinem Reichtum abzubekommen. Das war natürlich nicht der Fall, die Karl May Bücher hatte er mir ja auch nicht geliehen. Ich lief also allein und ohne Geld über den Kirmesplatz mit gesenktem Kopf, ob der Ungerechtigkeiten in dieser Welt.

Mein Schutzengel hatte ein Einsehen und ich fand auf dem Kirmesplatz 20 DM, ein unglaublich hoher Betrag. Freudestrahlend lief ich zu meinem geizigen Freund, ich sage bewusst nicht Freund und dann passierte etwas, was mich wiederum ärgerte. Fred dachte, wo 20 DM liegen, muss noch mehr sein und nahm seinerseits den Platz in Augenschein und wurde fündig. Zwar fand er nur noch 5 DM, aber ich hatte das Gefühl, dass das ungerecht war...

Dass ich die 20 DM gegen ein kleines Taschengeld zu Hause ablieferte, war Ehrensache für mich.

Fred wurde, wir studierten zusammen Maschinenbau, dann doch noch in dieser Zeit ein ordentlicher Freund, ohne Episoden wie die gerade geschilderten, aber später nach seiner Heirat hat sich unsere Freundschaft wieder abgekühlt u.a., weil sein Polterabend dazwischenkam.

Diese Episode zum Thema Fred muss ich noch loswerden.

Auf seinem Polterabend, der in Remscheid bei der Braut stattfand, wurde ich bei dem Gang zur Toilette, die sich auf dem Hof befand, von einem Gast (Herr Meyer), der dem Kreis der Braut zuzurechnen war, aufgefordert die Braut mit ihm zu entführen.

Ich kannte bis dahin den Brauch nicht, habe aber natürlich eingewilligt, um kein Spielverderber zu sein.

Blöderweise fuhr dann dieser Herr Meyer mit Braut und mir, ich glaube eine Brautjungfer war auch noch dabei, kilometerweit zu einer Gaststätte an einen Stausee, sodass der Bräutigam, also Fred, überhaupt keine Chance hatte die Braut zu finden.

Der Polterabend war natürlich geplatzt und endete mit einem Misston. Aber bis heute ist Fred der Meinung, die Schuld läge bei mir, obgleich auch Hermine, seine Frau, bestätigen könnte, dass ich keineswegs der Spiritus Rektor dieser Geschichte war.

10. Katholische Kirche

Ich spielte als 6 bis 7-jähriger, das war etwa 1946 - 47, auf der Straße mit Gleichaltrigen, die allerdings, wie im "Hillige Kölle" nicht anders zu erwarten, durchweg katholisch waren. Es gab auch einen kath. Kindergarten oder eher Hort, der von Nonnen geleitet wurde. Meine Freunde fragten dann bei den Nonnen, ob ich auch mit in den Hort dürfte, obgleich ich evangelisch war. Das wurde gnädig gestattet. Die zu den Nonnen gehörende Kirche bekam aus Amerika die sogenannten Carepakete geschickt, u.a. mit Wolle. Wir mussten uns in eine Reihe aufstellen und jedes Kind bekam einen dicken Knäuel Wolle, damit die Mutter zu Hause dringend benötigte Socken stricken konnte. Ich bekam, zwar in der Reihe stehend, keine Wolle, ich war ja evangelisch. Für einen 7-jährigen schwer zu verstehen.

Sankt Martin rückte näher und es wurden, für den Martinszug, Laternen gebastelt, natürlich unter Anleitung der Nonnen und mit entsprechend zur Verfügung gestellten Materials durch den Hort. Ich wurde immer vertröstet; eine Laterne habe ich dort nie bekommen, ich war ja evangelisch.

Zu diesem Thema – Kath. Kirche – muss ich noch kurz eine Episode anfügen, obgleich ich dazu einen Zeitsprung in meinen Erinnerungen vornehmen muss.

Meine erste Frau war katholisch – streng katholisch. Nach unserem ersten intimen Zusammensein wollte sie nicht mehr in die Kirche gehen und traute sich wohl auch nicht zu beichten.

Das nur zur Erklärung der folgenden Geschichte.

Wir hatten uns entschlossen zu heiraten und ich hatte mich auch bereit erklärt katholisch zu heiraten, da das für meine Braut sehr wichtig war. Also gingen wir zum Kaplan zum so genannten Brautunterricht, dessen Sinn mir zwar nicht ganz klar war. Dieser gute Mann erzählte viel Dümmliches, dass ich mir hier erspare zu wiederholen. Aber er wollte auch von uns hören, dass eventuell zu erwartende Kinder katholisch getauft werden müssten. Darauf habe ich ihm erwidert, dass die Mutter hauptamtlich die Kinder erzieht – zu dieser Zeit (1970) war das noch so – und logischerweise sollten natürlich dann auch die Kinder katholisch erzogen werden. Ihm genügte aber meine Versicherung nicht, ich hätte das schriftlich zu beurkunden. Da war er allerdings bei mir richtig. Ich habe ihm erklärt, dass das wiederum eine Missachtung meines Glaubens wäre und unterschreiben käme nicht in Frage. Selbst die Drohung, dann könnten wir nicht getraut werden, konnte mich nicht schrecken.

Ich war zum Schluss so erbost, dass ich mir geschworen habe, eventuell kommende Kinder werden evangelisch und mein Sohn ist evangelisch! Katholisch verheiratet wurden wir übrigens trotzdem. Ich möchte aber betonen, dass ich die Kath. Kirche hier nicht generell in Misskredit bringen will. Das war ein dümmlicher Vertreter seiner Kirche, den ich hier beschrieben habe. Meine wirklich besten Freunde (nicht Fred), auf die ich noch zu sprechen komme und die beide leider schon Anfang der Neunziger Jahre gestorben sind, waren beide absolut tolerante Katholiken.

11. Schrott sammeln

1948, und zwar am 20. Juni gab es die so genannte Währungsreform und die alte Reichsmark hatte ausdient. Jeder Deutsche erhielt zunächst 40 DM Startkapital und alte Be-stände von Reichsmark wurden später im Verhältnis 1: 10 umgetauscht.

Über Nacht waren plötzlich die Schaufenster der Metzgereien und Bäckereien wieder voll mit Waren, ein Anblick, den wir lange vermisst hatten. Es ging aufwärts. Wir Jungs konnten uns durch Schrottsammeln nun unser Taschengeld aufbessern, denn in den Trümmergrundstücken lag noch allerhand Schrott. Das heißt er lag nicht wirklich rum, was lose war hatte längst den Weg zum Schrotthändler gefunden, wir brauchten also Werkzeug, um an Schrott zu kommen. Der Wohnblock am Anfang unserer Straße war nicht durch Bomben beschädigt, wohl aber der am Ende. Dort suchten mein Freund Fred und ich eifrig nach Schrott und entdeckten tatsächlich ein dickes Bleirohr, das aus der Wand kam und 40 cm weiter wieder in der Wand verschwand. Ich ging nach Hause, holte eine Kneifzange und einen Hammer und kehrte zu dem Objekt unserer Begierde zurück. Fred bekam die Aufgabe die (nicht isolierte) Zange zu halten und ich schlug mit dem Hammer auf den Zangenkopf, um an das Blei heranzukommen. Zu meiner Ehrenrettung muss ich sagen, wir wussten natürlich nicht, dass sich unter dem Bleimantel ein Starkstromkabel befand.

Ich hämmerte also fleißig drauflos bis eine Stichflamme aus dem gequetschten Blei Rohr schoss und Fred und ich vor Schreck auf dem Hosenboden landeten. Das Fred, durch die nicht isolierte Zange keinen Stromschlag erhalten hat, muss an seinem Schutzengel gelegen haben. Wir verkrümelten uns und versteckten zunächst das Werkzeug und beteiligten uns anschließend entrüstet an dem Gemecker in unserer Straße über die unzuverlässige Versorgung in diesen Zeiten, weil stundenlang der ganze Block ohne Strom war.

12. Erste Liebe

Ich mache wieder einen Zeitsprung, weil mir hier in diesem Zusammenhang die erste Liebe in den Sinn kommt. Wir hatten, es war etwa das Jahr 1952, in Köln-Riehl eine Neubauwohnung gefunden. Das bedeutete zu dieser Zeit einfachste Ausführung, Wohnküche, eine Erfindung dieser Zeit, kleine Küchenzeile, offen zum Wohnzimmer, Toilette, aber keine Dusche oder Badewanne. Gebadet wurde einmal die Woche in der Zinkwanne hinter dem Vorhang in der Küche. Der Steinholzfußboden, auch eine Erfindung dieser Zeit, war praktisch, aber kalt.

Ich war 14 Jahre alt und im Nebenhaus wohnte Hiltrud. Hiltrud war auch 13 oder vielleicht schon 14 und gut entwickelt. Ich war verliebt in sie, aber sie war nicht immer treu. Wenn ich nicht da war, flirtete sie mit ihm, denn ich ging in die Realschule in Köln-Mülheim, sie und mein Nebenbuhler besuchten die Volksschule (heute Hauptschule). Aber ich besaß ein Fahrrad, auf das ich sehr stolz war, und wenn wir keinen Krach hatten, nahm ich Hiltrud vorne auf der Fahrradstange mit. Dann war sie mit ihrem Haar dicht an meinem Kopf und meiner Nase und das war der Gipfel der Glückseligkeit. Hatten wir aber "Knies" (Krach) dann wurde sie hinten auf dem Gepäckständer befördert.

Bundesweit bekannt sind die Bläck Fööss mit dem Song von H. Knipp:

Ming eeste Fründin, dat wor Meiers Kättche un ich fuhr mem Rädche Dach für Dach zu im. Et Meiers Kättche fuhr dann met om Rädche un dann dät et laache, su wie ne Sunnesching un dann dät et laache, su wie ne Sunnesching.

Am Wochenende, sprich sonntags wollte ich sie, ganz Kavalier, ins Kino einladen. Die Kinokarte kostete 1,50 DM. Ich bekam als 14-jähriger auch genau 1,50 DM Taschengeld. Um meine Freundin nun einladen zu können, brauchte ich noch mal diesen Betrag. Den verdiente ich mir bei meiner Nenntante Lore, sie wird in einem späteren Kapitel noch beschrieben durch Gartenarbeit. Wir saßen also im Kino und meine Freundin Hiltrud wollte nicht eingeladen werden und versuchte in dem mittlerweile dunklen Kino mir ihr Kleingeld aufzudrängen, ich wehrte ab und es ergossen sich 15 Groschenstücke über den Boden. Das war etwas peinlich. Bis zu einem Kuss sind wir nie gekommen, aber ich habe sehr gelitten, als ihr Vater, er war alleinerziehend, sie ins Internat steckte.

13. Familienfeiern

Zurück ins Jahr 1946. Wir waren arm, wohnten beengt und natürlich hungerten wir. Aber ein Fest wurde trotzdem jedes Jahr gefeiert, der Geburtstag meiner Großmutter in deren Wohnung wir lebten. Anfangs in den Jahren 1946 und 1947 noch bescheiden, aber dann nach der Währungsreform, 1948, mit allem was Küche und Keller zu dieser Zeit hergaben. Mein Vater hatte zu dieser Zeit noch vier lebende Geschwister, die natürlich dann mit Kind und Kegel anrückten. Alle brachten etwas mit, ob Kuchen, Salate, Getränke etc. und wir konnten uns richtig satt essen. Diese Feste nach dem Krieg, vor allen Dingen nach 1948, waren von einer Intensität und einer Lebensfreude, die ich in späteren Jahren nie mehr erlebt habe. Da spielte die Erleichterung mit, diesen furchtbaren Krieg überlebt zu haben und mal wieder, wenn auch nur auf dem Fest, richtig schlemmen zu können, was man all die Jahre vermisst hatte. Und es wurde gesungen, ich kann mich an keine Feier erinnern, die nicht durch mehr oder wenige gute musikalische Darbietungen bereichert wurden.

Omas Geburtstag lag im Monat Juli. Meine Mutter machte mich für diese Gelegenheit immer besonders hübsch, d.h. mit weißem Hemd und schicker Hose. Bei so einem Geburtstag ging dann ein starker Gewitterregen runter und in dem Park vor unserer Haustür stand ein kleiner See danach. Ich hatte nichts Besseres zu tun dann mit Karacho durch diesen temporären See zu rasen, mit Schuhen und weißem Hemd. Als meine Mutter mich dann zu Gesicht bekam, wurde mein Gesicht mit Ohrfeigen etwas malträtiert.

14. Familie Schulz

Mein Vater hatte sich 1948 selbstständig gemacht. Das war nicht ganz freiwillig, er hatte nämlich seinen Job bei seinem Schwager verloren, der in Düsseldorf Lkws reparierte, und zwar mit gutem Erfolg. Gehungert haben diese Verwandten nach dem Krieg nicht. Warum das Verhältnis zwischen Schwager und meinem Vater nicht funktionierte, entzieht sich meiner Kenntnis. Nun musste mein Vater 4 hungrige Mäuler stopfen, plus sein eigenes. Und er versuchte es auch mit einer Autoreparaturwerkstatt. Die Anfänge waren grausam. Mein Vater hatte im Grunde keine Ahnung von Autos, er war Maschinenbauingenieur und hatte im Krieg wohl eine Werkstatt geleitet, aber nicht die Fahrzeuge selbst repariert. Am Anfang hat er nicht das Salz in der Suppe verdient. Aber dann kam ihm ein glücklicher Schutzengel zur Hilfe, vielleicht meiner, der ihm aus dieser Misere half. Ein Unternehmen in der Nachbarschaft, eine Spannbeton GmbH hatte eine Marktlücke entdeckt, sie stellten die so genannten " Fertig Decken" her. Das waren, anstelle von gegossenen und armierten Betondecken, Decken für Wohnhäuser, die aus Betonbalken und dazwischen gelegten Bimssteinen bestanden.

Das war billiger und einfacher herzustellen als die herkömmlichen gegossenen Decken mit Stahlarmierung und Beton, die auch noch eingeschalt werden mussten. Als Armierung für die Betonbalken wurden u.a. Drahtmatten benötigt und diese stellte fortan mein Vater für die Firma her. Von nun an ging`s bergauf. Es folgte die so genannte Koreakrise, d.h. durch den Koreakrieg, auf der westlichen Seite Amerikas, wurde sehr viel Stahl für Schiffe und Waffen benötigt.

Dadurch wurden die Fertig Decken, die offensichtlich weniger Stahl als herkömmliche gegossene und mit Stahl armierte Decken benötigten, bei dem nun einsetzenden Bauboom sehr populär. Mein Vater hatte inzwischen die Firma von Köln-Porz, Stadtteil Westhoven, wo er in den ausgebrannten Wagenhallen einer Kaserne angefangen hatte, die Firma nach Köln-Kalk verlegt.

Er hatte günstig ein Trümmergrundstück gekauft, d.h. vorne stand bzw. lag ein zerbombtes Haus also ein Haufen Steine und hinten gab es eine große, freie

Wiese. In einer kleinen Garage in der Nachbarschaft lief die Produktion der Drahtmatten inzwischen weiter und nebenher fing mein Vater an den Schuttberg von seinem neuen Trümmergrundstück abzutragen. Das bedeutete, er fuhr mit einer alten Schubkarre, mit vorne einem eisernen Rad den Schutt auf die Wiese. Da die Wiese auf Kellerniveau lag, das war wohl vor dem Krieg so üblich oder zumindest dort die vorherrschende Bauart, schuf er sich eine Rampe, um mit Fahrzeugen später dort hinunterzukommen, zu der noch zu bauenden Halle. Das war eine Knochenarbeit und ich musste, zu der Zeit 11 Jahre alt, schon kräftig mit anpacken. Aber es ging aufwärts, die Fertig Decken und die sogenannte Koreakrise verhalfen uns zu einem bescheidenen Wohlstand. Das zur Einleitung und der Familie Schulz.

Hanni Schulz war die Schwester meines Vaters und eine ganz patente, tatkräftige Person. Sie war mit einem Mann namens Hubert Schulz verheiratet, kurz Hubsch genannt, der in seiner durchaus gut situierten Familie so etwas wie das schwarze Schaf war, möglicherweise nicht ganz zu Unrecht. Welche Rolle er vor und während des Krieges gespielt hat, kann ich hier nicht authentisch wiedergeben, da ich das nur von Dritten gehört habe. Wohl kann ich aber meine persönlichen Erfahrungen hier mit ihm wiedergeben. Zunächst war er nach dem Krieg auch arbeitslos und wurde von meinem Vater, Familie bleibt Familie als Schweißer eingestellt. Und da es bei meinem Vater nicht viel zu schweißen gab, wurde er als Punktschweißer an eine Maschine gesetzt, um die besagten Drahtmatten zu punkten, sprich zu schweißen (Widerstandsschweißung).

Das wurde im Akkord abgerechnet und bezahlt. Da mein Vater am Anfang keine Ahnung hatte wie so ein Akkord berechnet werden sollte, entwickelte sich sein Lohn in kurzer Zeit sehr zu seinen Gunsten. Tatsächlich ging es ihm finanziell durch die anfangs große Unerfahrenheit meines Vaters sehr gut, netto gesehen besser als meinem Vater! Er war auch kein Kostverächter in Bezug auf Alkohol und montags wurde blau gemacht, aber als Mann von meines Vaters Schwester stand er unter "Artenschutz". Und dann kam es zum großen Eklat, den unsere Familien lange Jahrzehnte auseinanderreißen sollte. Der Koreakrieg ging zu Ende, Stahl war nicht mehr knapp und der Bedarf an Drahtmatten ging rapide zurück. In dieser, für meinen Vater absoluten Krisensituation nahm er einen Auftrag der Stadt Köln an. Die Herstellung und Bau von ca. 100 m Stahlgeländer, natürlich zu ungünstigen Konditionen. Hubsch sollte nun Geländer im Stundenlohn schweißen und nicht mehr Drahtmatten im für ihn günstigen Akkordlohn. Das lehnte er rund herum ab. Nun war mein Vater nicht dafür bekannt besonders diplomatisch zu sein und in dieser Stresssituation, der lukrative Auftrag bricht weg und der neue bringt nur Beschäftigung, durfte man ihm nicht noch zusätzlich Probleme machen. Also brüllte er seinen Schwager entsprechend an, der brüllte zurück und man traf sich vor Gericht wieder. Die geforderten 10.000,00 DM (!) Verdienstausfall von Hubsch wurden auf 1200,00 DM herabgestuft und fortan redeten die Familien Schulz und Bontemps nicht mehr miteinander.

Erst sehr spät, meine Mutter war schon gestorben, kam Wolf Schulz, der Sohn von Hanni und Hubsch Schulz nach Deutschland zu Besuch, es muss Ende der 80-iger Jahre gewesen sein. Er nahm sich ein Herz ("Chapeau") und besuchte meinen Vater in seinem Haus an der Mosel...und beendete den Familienknatsch.

Dafür gilt Wolf meine Hochachtung. Er hat mir dann im Nachhinein erzählt, dass seine Familie, hauptsächlich seine Mutter gesagt hätte – bevor er von Kanada nach Deutschland geflogen ist – dass mein Vater ihn rausschmeißen würde, wenn er bei ihm vorbeikommen würde.

Mein Vater hat sich im Gegenteil richtig gefreut und Wolf und seine damalige Frau Olga fürstlich bewirtet.

15. Neues Glück

Nach meiner Scheidung habe ich natürlich nach einer neuen Freundin, bzw. Frau Ausschau gehalten.

Das ist Mitte Dreißig sowohl auf der weiblichen als auch auf der männlichen Seite etwas schwierig. Beide Seiten haben in diesem Alter bereits ihre Eigenarten, sprich Macken entwickelt, ganz besonders wenn keine "Eheerfahrungen" vorhanden sind.

Zunächst zu einem Date zu kommen, ist kein Problem. Im Internet gibt es zahlreiche Foren, die sich mit dem Thema Partnersuche beschäftigen und gegen einen entsprechenden Obolus kann man sich dort einloggen.

Bei dieser Gelegenheit hatte ich eine Frau von ca. 35 Jahren getroffen, die groß, blond und durchaus interessant auf mich wirkte. Also ein guter Grund mit ihr in näheren in näheren Kontakt zu kommen. Als alleinerziehende Mutter hatte sie auch schon entsprechende Erfahrungen machen können.

Wir trafen uns einige Male beim Italiener, um bei Rotwein und Pizza einander näher zu kommen. Aber das war nicht einfach mit ihr. Wenn ich sie vor ihrer Haustür ablieferte, sie wohnte in Rodenkirchen und ich in Brück, war es schon schwierig ihr einen Kuss abzuringen, geschweige denn sie zu mehr zu bewegen. Und das Ende der Siebziger Jahre, wo es schon fast selbstverständlich war, dass die Frauen die „Pille" nahmen und Aids noch kein Thema war.

Aber, um sie zu mehr zu bewegen, wollte ich das durch eine List ändern. Die Karnevalszeit rückte näher und ich konnte meine neue "Flamme" dafür begeistern, mit mir auf einen Karnevalsball zu gehen. Da sie relativ wenig oder gar keinen Alkohol trank, machte ich ihr den Vorschlag, dass sie mich danach nach Hause fahren sollte und…Ende offen.

Ich hatte für den Abend bei mir im Apartment alles vorbereitet, sprich Bett neu bezogen, Sekt kalt gestellt etc. Der Abend verlief dann zunächst auch so ab wie geplant.

Sie fuhr mich nach Hause, gab mir einen Kuss auf die Wange und verschwand mit meinem Auto in der Dunkelheit.

Am nächsten Tag habe ich mein Auto bei ihr wieder abgeholt und mich nicht mehr um ein weiteres Date bemüht.

16. Tante Lore

Tante Lore war eine sogenannte Nenntante, tatsächlich war sie eine Cousine meines Vaters.

Ich war Zeit meines, bzw. ihres Lebens, immer ihr "Lieblingsneffe". Bei ihr und ihrem Mann Herbert, habe ich mir im Schrebergarten auch immer das zusätzliche Taschengeld verdient, um meine Freundin (siehe "Meine erste Freundin") ausführen zu können. Ich habe ihr aber dann, als sie langsam gebrechlich wurde, auch geholfen in eine altersgerechte Wohnung zu ziehen und sie dort auch oft besucht und unterstützt.

Sie hat mich dann auch als Alleinerbe eingesetzt, was ich tatsächlich nicht unbedingt gut fand.

Auch schenkte sie mir einen dicken Brillantring, der ihrem Mann gehört hatte, der aber schon mit 65 Jahren an einer Krebserkrankung gestorben war. Ich dürfte den Ring aber auch entsprechend meinem Geschmack umändern lassen.

Daraufhin habe ich für Beate, meine Frau, zwei Ringe daraus machen lassen. Danach wurde ich von meiner Nenntante wieder enterbt. Ein Teil des Erbes sollten nun die Verwandten ihres verstorbenen Mannes bekommen. Mit denen hatte sie bis dahin kaum noch Kontakt gehabt.

Nun war für Tante Lore die Grabpflege sehr wichtig, entsprechend wollte sie auch in ihrem Testament Vorsorge treffen, dass ihr Grab nach ihrem Tode gut gepflegt und in Ordnung gehalten würde.

Ich war circa 50 Jahre alt, als sie das Testament neu verfasste und in ihren Augen für eine lange Grabpflege zu alt.

Also setzte sie einen Verwandten ihres Mannes ihres Mannes, ein Student von 23 Jahren, als Grabpfleger ein und vererbte ihm dafür 25.000,00 DM.

Als meine liebe Tante Lore nun das Zeitliche gesegnet hatte und die Grabpflege anstand, es war das Familiengrab ihres Mannes, was zunächst nur neu bepflanzt werden musste, setzte der Student mit einem Kumpel ein paar Boden Decker auf das Grab und ward seitdem nicht mehr gesehen.

Meine Frau und ich haben das Grab dann 20 Jahre betreut, bis es aufgemacht, also entfernt wurde. Mein Versuch schlug fehl bei der Friedhofsverwaltung eine Verlängerung zu beantragen, weil ich ja nicht als offizieller Verwalter eingesetzt war.

An Allerheiligem gehen wir aber immer noch zu der vormaligen Grabstätte und stellen eine Kerze dort hin.

17. Geschenke, die wiederkommen

Anfang der fünfziger Jahre waren die Gräuel des 1000-jährigen Reiches langsam Vergangenheit und es kehrte so etwas wie Normalität ein.

Nach der Währungsreform 1948 und dem Beginn des sogenannten Wirtschaftswunders, hatten die Menschen auch wieder etwas Geld im Portemonnaie.

Und es wurden auch wieder Feste gefeiert, Geburtstage und was auch immer.

Natürlich musste man, wenn man dann eingeladen wurde, auch ein Gastgeschenk mitbringen. Gerne wurden dabei auch Pralinen verschenkt.

Da aber auch noch nicht allzu viel Geld in den eigenen Taschen war, wurden diese Pralinen gebunkert, also nicht aufgegessen.

Denn bei der nächsten Einladung konnten die Pralinen gut weiter verschenkt werden. So begaben sich die Pralinen auf eine Rundreise und oft erreichten sie tatsächlich wieder ihre ursprüngliche und anfängliche Ausgabestelle und die Reise begann aufs Neue.

18. Alkoholfahrt

Mein guter Freund Willi hatte zum zweiten Mal geheiratet (siehe "Seefunk sendet aus Österreich"). Bei diesen Beiden aber gab es aus unverständlichen Gründen trotzdem ständig Krach, was für mich beinahe böse Folgen gehabt hätte.
Wir hatten uns mit Freunden beim Griechen in Nippes verabredet. Mein Freund Willi und seine Frau wohnten zu dieser Zeit in Mülheim, genau wie ich.
Natürlich waren wir zusammen mit dem Auto nach Nippes gefahren, und ich war der Chauffeur.
Ein anderer Freund aus Rodenkirchen stieß zu unserer Truppe.
In vorgerückter Stunde, mit steigendem Alkoholspiegel, wurde die Spannung zwischen meinem Freund Willi und seiner Frau lauter und sogar handgreiflich, was die Stimmung von uns allen beeinflusste. Wir beschlossen daraufhin aufzubrechen, aber ich befürchtete für mein Auto Schlimmes, wenn die zwei Streithähne sich in meinem Auto streiten würden. Also machte ich meinem Freund aus Rodenkirchen den Vorschlag ihn zuerst nach Hause zu

fahren. Er sollte sich zwischen die Streithähne setzen, um einen Schutz für mein Auto zu gewährleisten. So sortiert fuhren wir los und Willi schlummerte bald im Auto ein.

Nun hatte ich im Laufe des Abends auch zwei, drei Gläser Wein getrunken. Zu dieser Zeit galt noch 0,8 Promille als Grenze für die Autofahrer.

Auf der Rheinuferstraße nach Rodenkirchen wurden des Öfteren Kontrollen durchgeführt und so wurde natürlich auch ich herausgewunken, zu einer Alkoholkontrolle.

Das Testgerät zeigte exakt 0.8 Promille an und die beiden Polizisten überlegten, ob das noch zu tolerieren sei oder ob sie mich mitnehmen sollten.

In diesem Moment wachte mein Freund Willi auf, kurbelte das Fenster im Auto runter und brüllte die Polizisten an:" Ihr Arschlöcher, lasst den Mann in Ruhe, sonst trete ich euch in den Hintern".

Ich dachte nur, dass war es für meinen Führerschein, aber weit gefehlt.

Die Polizisten reagierten souverän – Chapeau –! "Sag uns das morgen nochmal, wenn du nüchtern bist".
Sie gaben mir den Führerschein zurück und fuhren davon.

19. Fischi - Spitznamen entstehen schnell

In unserer Jugendgruppe, der Deutschen Jungenschaft, ähnlich den Pfadfindern, war es Programm
mit einem Spitznamen bedacht zu werden (siehe "Jugendbewegung").
So hieß der Gruppenleiter z.B. Buddha, weil er vom
Umfang her gewisse Ähnlichkeit mit besagtem Herrn
hatte.
Nun waren wir auf „Großer Fahrt", so hießen unsere
Urlaube in den Sommerferien, auch wenn es nur bis
zum Gardasee in Oberitalien ging (siehe "Schwuler
Gardasee").
Wir campierten am Ufer des Sees, obgleich das verboten war, aber Geld für den Campingplatz hatten
wir nicht.
Unsere Verpflegung bestand hauptsächlich aus Spa-
ghetti und mit den gekochten Nudeln am Haken ließ
sich auch prächtig angeln. Das war nun meine Beschäftigung, um den Speiseplan etwas aufzupeppen.
Tatsächlich habe ich auch den ein oder anderen kleinen Fisch gefangen und ich hatte nun außerdem meinen Spitznamen weg.

20. Jugend in Köln - Kalk

Köln-Kalk war nie besonders vornehm, es war ein reines Arbeiterviertel, speziell die Gegend rund um die Vietor und Peter-Stühlen-Straße. Mein Vater ist übrigens dort in der Peter-Stühlen-Straße aufgewachsen. Meine Oma wohnte in der Humboldt-Siedlung, das war eine geringfügig bessere Wohngegend als die Peter-Stühlen-Straße. Just dorthin, wie bereits beschrieben, zogen wir mit 5 Personen aus dem schönen Allgäu kommend, im Jahre 1946. Meine erste Begegnung mit meinem neuen Umfeld fand auf der Straße statt. Es war Sommer und ich stand draußen auf der Straße, natürlich barfuß wie ich es aus Bayern gewohnt war. Allerdings war ich auch besser genährt als meine zukünftigen Kameraden. Die hatten darauf nichts Besseres zu tun als unisono "Bure Bahnhof" zu schreien, übersetzt Bauern Bahnhof. Damit konnte ich nichts anfangen, nahm aber mit Recht an, dass das nicht freundlich gemeint sein konnte. In kürzester Zeit lernte ich Kölsch und der Bure Bahnhof war Geschichte.

Es war eine raue Zeit, es gab wenig zu essen und absolut kein Spielzeug, zu mindestens kein neues. Es gab aber die so genannte Schulspeisung, d.h. wir Kinder bekamen in der Schule eine Suppe, mehr oder weniger schmackhaft, um evtl. nicht doch noch zu verhungern. Bei einigen Kindern hatte ich den Eindruck, dass diese Schulspeisung für die ganze Familie reichen musste. Sie brachten ein Kochgeschirr mit, das hatte jeder Soldat aus dem Krieg mitgebracht, das dann mit Suppe gefüllt mit nach Hause genommen wurde. Ein Klassenkamerad, der wohl besonders viel Hunger hatte, versprach mir einen Fußball mitzubringen, wenn ich ihm einen Teil meines Essens überlassen würde. Ich habe ihn ca. 14 Tage lang durchgefüttert, dann brachte er endlich etwas mit, eine Medizinballhülle. Wir haben sie mit Stroh ausgefüllt, aber das war noch schlechter als mit einer leeren Dose zu spielen. Dann fand ich auf den Rheinwiesen auf einem verrosteten Flugabwehrgeschütz einen gut erhaltenen Tennisball. Wie der da hinkam weiß ich nicht, aber mit diesem Schatz war ich King in unserer Straße. Man stelle sich das heute einmal vor, circa 20 Kinder rennen hinter einem Tennisball her. Die Freude währte nur kurz, dann verschwand der Ball in der Kanalisation.

Der Krieg hatte uns auch einen riesigen Abenteuerspielplatz beschert. Wir lebten praktisch nur in Trümmern. Köln war, wie die meisten Großstädte, zu einem großen Teil in Schutt und Asche gelegt. Aber diese Trümmer boten fantastische Spielmöglichkeiten, ob Räuber und Gendarm oder Cowboy und Indianer, alles konnte inszeniert werden. Wir schreckten nicht davor zurück in den Ruinen drei Stockwerke hoch zu steigen, auf einer Treppe ohne Geländer, die an einer einzelnen Wand klebte. Das dabei uns nie was passiert ist, grenzt an ein Wunder. Natürlich war uns das streng verboten, aber umso mehr reizte uns das.

Eines Nachmittags lud mich ein etwas älterer Junge, er hieß Drombusch mit Nachnamen, zu einem Ausflug an den Rhein ein. Da niemand sonst da war, musste ich herhalten. Zum Rhein war es ungefähr eine halbe Stunde von uns und also machten wir uns auf den Weg. Im Nachhinein war das einer der ereignisreichsten Tage, die ich bisher erlebt hatte. Zu dieser Zeit waren die Rheinwiesen, kurz die Poller Wiesen, ein anderer Abenteuerspielplatz. Nicht nur der Rhein, der natürlich interessant war, auch was an Resten aus dem Krieg zurück geblieben war reizte uns. Wie schon geschildert, drehbare Flakgeschütze, Schiffswracks und Karbid in Tonnen, womit Azetylen hergestellt werden konnte, um die Wracks zu zerschneiden. Wir sahen drei Jungens und einem Mädchen beim Baden zu. Mein älterer Freund sagte direkt, die sind nackt. Also setzten wir uns an den Rhein und warteten bis sie herauskamen. Sie baten uns weiterzugehen, weil es ihnen kalt wurde, wir aber sagten, hier gefällt es uns. Natürlich freuten wir uns, besonders am Anblick eines nackten Mädchens, das dann mit schon leichtem Flaum an einer gewissen Stelle aus dem Wasser stieg.

Dann ein Angler, dem wir zusahen, er holte mit einer Stange eine sehr große Krabbe aus dem Wasser. So etwas tellergroßes hatten wir nie im Rhein vermutet. Er erklärte uns, dass das eine aus Asien eingeschleppte Art sei, die hier die Fische dezimieren würde. Dann sprach mein Freund zwei in Decken gehüllte Mädchen an, sie waren etwas 10-11 Jahre alt. Wir setzten uns vor sie und sie hatten gerade im Liegen ihre nassen Badeanzüge ausgezogen als etwas passierte, was ich bis heute nicht ganz verstehe. Ganz ohne Scham öffneten sie vorne ihre Decken, hatten die Beine angezogen und eröffneten uns gynäkologische Einblicke.

Für einen Jungen in meinem Alter ein Traum.

Auf dem Rückweg nach Hause hatten wir uns die Taschen mit Karbidstücken vollgestopft. Es hatte vorher geregnet und so legten wir in jede Pfütze, also ca.

alle 50 m ein Karbidteil, das fing dann an zu Gasen und wurde so von uns angesteckt. Das war der krönende Abschluss eines großartigen Tages für einen vorpubertierenden Jungen. Ich war zu der Zeit 10 Jahre alt und ging nun auf die Realschule in Köln-Deutz, Ferdinandstraße. Später als die Schule in Köln-Mülheim, Lassallestraße fertig wurde, zogen wir mit der Schule nach dort um.

21. Realschule

1950 durfte ich von der Volksschule, so hieß das Gebilde früher, auf die Realschule wechseln. Das waren abenteuerliche Zeiten. Viele Schulen waren ausgebombt und Schichtunterricht war an der Tagesordnung. Das hieß, wir hatten eine Woche vormittags Unterricht und die nächste Woche nachmittags, wobei samstags dann keine Schule war. Unsere Partnerklasse, die Klasse, die jeweils nachmittags Unterricht hatte, wenn wir vormittags dran waren bzw. umgekehrt, war immer eine Mädchenklasse. Schnell entwickelte sich ein reger Briefverkehr zwischen den Sitzpartnern am Morgen und am Nachmittag. Wir schrieben uns kleine Briefchen, die unter die Bank geschoben wurden, schilderten wie wir aussahen und welche Vorlieben wir hatten etc.
Aber selbst das, ein eher harmloses Vergnügen, wurde uns streng untersagt, nachdem einem Lehrer von einem unvorsichtigen Schüler ein Liebesbriefchen in die Hand gefallen war.
Bedingt durch Raummangel und zerstörte Schulen mussten wir öfter Schulen und deren Schulgebäude

wechseln. Manchmal blieben wir ein halbes Jahr, manchmal auch ein ganzes Jahr.

Angefangen habe ich in der Ferdinandstraße in Köln-Deutz, dann waren wir in einer Schule in Köln-Mülheim, die Straße habe ich vergessen. Auch in Köln-Buchheim in der Alten Wipperfürther Straße ging ich zur Schule. Das war ein uraltes, kleines Gebäude mit Ofenheizung. Den Ofen mussten wir selbst heizen und auch Briketts von zu Hause mitbringen. Da konnte natürlich nicht von einem geordneten Schulbetrieb gesprochen werden. Sportplätze, geschweige denn Sporthallen gab es nicht. Da aber zweimal in der Woche Sport auf dem Stundenplan stand, der Englischlehrer Dr. Rudmann war aushilfsweise auch der Sportlehrer hatten wir nicht viel Möglichkeiten. Also ließ er uns rund um die Schule laufen. Das war uns aber zu langweilig. Wir teilten uns in zwei Gruppen. Eine Gruppe lief dann um die Schule, vielleicht 2- oder 3-mal, dann blieb sie stehen, natürlich auf der Seite, die vom Lehrer nicht eingesehen werden konnte und die andere Gruppe trabte los. Dem Lehrer ist unser Trick nicht aufgefallen.

Ein Lehrer ist mir in guter Erinnerung, Karl Nuhr. Er war mit 17 Jahren noch zum Wehrdienst eingezogen worden und hatte noch eine Maschinengewehrgarbe ins Bein bekommen, laut seiner Aussage. Aber wie auch immer er war dadurch etwas gehandicapt. Trotzdem ließ er es sich nicht nehmen nachmittags bei Fußballturnieren den Schiedsrichter zu spielen. Er war ein toller Pädagoge und stolz darauf, dass bei ihm nicht gepfuscht wurde, wie er dachte. Nach einer Klassenarbeit, er unterrichtete Deutsch, fragte er, wer hat es denn geschafft trotzdem zu pfuschen, derjenige könne sich ruhig melden, ihm würde nichts

passieren. So blöd waren wir aber auch wieder nicht.
Im Nachhinein war die Realschulzeit in den 50iger
Jahren eine großartige Zeit.
Es war irgendwie ähnlich wie in Erich Kästners
"Fliegendes Klassenzimmer". Diese Kameradschaft
gibt es glaube ich heute in unserer Ellbogengesell-
schaft nicht mehr.
Für die letzten zwei Jahre unserer Schulzeit durften
wir übrigens in die neu gebaute Schule Lassallestraße
einziehen, aber Schichtunterricht hatten wir trotzdem noch.

22. Nächtliche Spritztouren

Mein Vater war Opel Fan. Er ist Zeit seines Lebens
nur Opel gefahren.
Zum Schluss war es ein repräsentativer Opel Admiral
mit immerhin 2,8 Liter und 6 Zylinder Maschine.
In den 50iger Jahren hatten die meisten Autos eine
so genannte Garagenstellung am Zündschloss. Weil
es noch nicht viele Garagen gab und der stolze Au-
tobesitzer sein "heiliges Blechle" gern trocken par-
ken wollte – die Autos zu dieser Zeit rosteten außerdem schneller als sie fuhren – wurden die Fahrzeuge
gerne in Großgaragen geparkt.
Platzsparend, so dass der Wagen der ganz hinten
stand nur rauskam, wenn die Fahrzeuge, die vor ihm
standen, auch rausgefahren werden konnten.
Es konnten also der Kofferraum und das Hand-
schuhfach abgeschlossen werden und der Zünd-
schlüssel wurde dann in der so genannten Garagenstellung abgezogen. Da an dem Zündschloss eine
kleine Nase war, konnten man den Motor dann

starten. Wurde der Schlüssel aber etwas weitergedreht und abgezogen ließ der Wagen sich nicht mehr oh-ne einen Schlüssel starten.

Dieses Prinzip ist meinem Vater nie ganz klar geworden und er zog den Schlüssel generell in der Garagenstellung ab. Das war für mich, als 16 bis 17-jährigen Jungen, ein gefundenes Fressen.

Ich machte bei uns auf dem Hof dann meine Fahrübungen, bis mir das zu langweilig wurde und ich nach draußen gefahren bin.

Donnerstags nämlich gingen meine Eltern immer ins Kino, dann zog ich den Hut von meinem Vater an, machte das Tor auf und brauste durch die Gegend. Es ist immer gut gegangen.

23. Südafrika

Ich hatte nach meinem Studium, darauf komme ich später zurück und einem Praxisjahr in einem Kölner Ingenieur Büro, den Wunsch ein Auslandsjahr zu absolvieren.

Da Südafrika die besten Bedingungen bot, d.h. freier Flug nach Johannesburg und praktisch unbegrenzter Aufenthalt in einem Hotel vor Ort, bis man eine Anstellung gefunden hatte, war schnell klar, das ist es. Ein Studienkommilitone und seine Frau waren mit von der Partie und so landeten wir in Johannesburg oft abgekürzt auch "Jo´burg" genannt.

Ich hatte bald einen Job als Techn. Zeichner bei einem Großkonzern, einer Firma mit ca. 25.000 Mitarbeitern. Der Fachschulingenieur wurde dort nicht anerkannt, also gingen wir zunächst den unteren Weg und bewarben uns als Technischer Zeichner. In dem lang gestreckten Büro, eine ehemalige Baracke der Armee, standen ungefähr 60 Zeichner und Ingenieure an ihren Zeichenbrettern. Am Ende des Ganges thronte Mr. Miller, der Boss in seinem gläsernen Büro. Er überprüfte die fertigen Zeichnungen, und wenn er einen Fehler entdeckte, ertönte Mr. Millers Stimme im ganzen Saal über Lautsprecher. In meinem Falle „Mr. Bontemps please come to my office" und unter dem Grinsen von 59 Technikern schlich ich dann in sein Büro.

Mein direkter Vorgesetzter hatte mit mir 4 Leute unter sich, leider aber nicht allzu viele Fachkenntnisse. Er gab mir eine Konstruktionsaufgabe, die, schon während ich das zeichnete von ihm bemängelt wurde. Ich versuchte ihm die Konstruktion zu erklären, denn in der Tat war meine Idee richtig. Er aber bestand auf einer Änderung.

Natürlich wurde ich später ins Büro von Mr. Miller gerufen, mein Vorgesetzter war auch anwesend, und der "Fehler" wurde mir vorgehalten.

Der Verursacher stand daneben und sagte kein Wort. Da ich noch in der Probezeit war, musste ich eine Faust in der Tasche machen und etwas verteidigen, das ich schon bei der Konstruktion als Fehler erkannt hatte.

Ich habe mich danach um einen anderen Job bemüht und kurz danach bei dem Großkonzern gekündigt. Mr. Miller war sehr erstaunt, dass man diesen großartigen Job sausen lassen konnte und wollte mich mit mehr Geld ködern. Ich habe ihm nicht den wirklichen Grund geschildert weshalb ich gehen wollte. Warum sollte ich den Verursacher ans Messer liefern, er war mit seiner Dummheit genug gestraft.

Außerdem verdiente ich bei der neuen Firma wesentlich mehr. Da konnte Mr. Miller nicht mithalten.

24. Engel, gibt´s die?

Ich hatte eine Freundin in Südafrika, Gisela hieß sie und sie war Bodenhostess bei der Lufthansa. Sie hatte eine Freundin namens Elke. Diese Freundin gehörte zu den beneidenswerten Frauen, nach denen sich alle Männer umdrehen. Sie war fest liiert mit Franz, einem Zahntechniker. Wir, die zwei Paare unternahmen natürlich vieles gemeinsam.

Bei so einer Gelegenheit, wir waren in einer Gemäldeausstellung, stand Elke ein paar Schritte vor mir in hautengen Leggings und betrachtete ein Bild, ellenlange Beine und ein entzückender Po. Bei diesem Anblick dachte ich mir, mein Schutzengel muss zugehört haben, wieso hast du nie das Glück an so eine Frau zu kommen.

Acht Tage später saßen wir vier wieder beim Bier zusammen, als meine Freundin Greta und Elke gleichzeitig davon berichteten, dass sie von einer gemeinsamen, ehemaligen Klassenkameradin zu deren 21. Geburtstag eingeladen worden seien. Diese Geburtstage wurden dort groß in Szene gesetzt. Dummerweise, nicht für mich, mussten Greta und Franz zur Weiterbildung gleichzeitig nach Deutschland, zwei Tage vor diesem Event, und zwar für ganze 3 Wochen.

Unisono beschlossen wir, dass Elke und ich als Vertreter der Gruppe zu diesem Geburtstag gehen sollten. Das Ganze musste mein Schutzengel arrangiert haben. Es war ein großartiges Fest, nicht nur weil Elke und ich uns dort näherkamen.

Von da ab waren wir ein Paar, und ich der glücklichste Mensch auf Erden. Ich musste, unsere Beziehung dauerte inzwischen fast ein Jahr, wieder nach Deutschland. Meine Mutter mahnte an, ich hätte versprochen, nach einem Jahr wiederzukommen. Es waren mittlerweile 2 ½ Jahre geworden, die ich in Johannisburg lebte.

Elke wollte nicht mitkommen. Ihr graute vor den dunklen Wäldern, und natürlich dem vielen Regen in Deutschland. Sie war schon mal bei ihrer Verwandtschaft im Schwarzwald gewesen und hatte genau das erlebt. Alle meine Überredungskünste und Versprechungen fruchteten leider nicht. Ich stand aber bei meiner Mutter im Wort und meine Mutter war mir immer sehr wichtig. Ich wollte wenigstens meinen guten Willen zeigen und mit der Braut zu Hause auftauchen und nach einem Anstandsmonat wieder zurück nach Südafrika fliegen. Elke war auch dazu nicht zu bewegen.

Heute bin ich froh nicht in Südafrika geblieben zu sein. Es gibt zurecht keine Apartheit mehr, aber aus diesem ehemaligen reichen Land, von Weißen geführt und verwaltet, wurden von einer Lichtgestalt wie Nelson Mandela die Weißen entmachtet und die Schwarzen in die Unabhängigkeit geführt. Der Aufbau und Umbau von Südafrika hat mich nachdenklich gemacht. Ich nenne nur einen Namen: Jacob Zuma! In einem Ghetto mit hohen Mauern zu leben, um nicht um Geld oder gar Leben gebracht zu werden, hätte ich keinen Fall ertragen. Mein geliebtes Südafrika, ich vergesse dich nie!

Beim Abschied von Elke sind viele Tränen geflossen und nicht nur bei Elke.
– Bye, bye my love –
Aber ein Engel muss so oder so die Finger im Spiel gehabt haben, sonst hätte ich das nicht erlebt! Er hat sein Bestes versucht. Danke!

25. Richtfest

Endlich war der Schutt des Trümmergrundstücks als Rampe verbaut wie schon im Kapitel Familie Schulz erwähnt. Ein Raum des zerbombten Hauses war wiederhergerichtet als Büro und Lager. Am Ende der selbstgeschaffenen Rampe wurde eine bescheidene Werkshalle gebaut, die natürlich an der Vorderfront ein Tor hatte, von meinem Vater selbst gebaut.
Nun liebte mein Vater es, nach dem Motto zu leben „feste arbeiten aber auch Feste feiern", und so wurde jede Gelegenheit wahrgenommen, um mit Freunden und Geschäftspartnern Geburtstage, Jubiläen oder auch Richtfeste zu zelebrieren.
Ein Richtfest zu feiern ergab sich durch die neue Werkshalle. Das Büro wurde rausgeputzt und Bier und Schnaps flossen reichlich. Oben auf unserer Rampe stand der Stolz meines Vaters, ein gebrauchter und schon etwas betagter Opel Rekord.
Für Fred und mich war es nicht so interessant den bierseligen Reden zu zuhören, also suchten wir draußen unsere Abwechslung. Im nicht abgeschlossenem Opel erklärte ich Fred die einzelnen Funktionen des Autos, Schaltknüppel, Handbremse und Pedale.
Als wir dann wieder draußen neben dem Auto standen, setzte sich dieses, ich hatte die Handbremse

nicht wieder angezogen in Bewegung, den Berg, sprich Rampe hinunter genau auf das neue, schöne Tor zu. Ich machte die Augen zu und sah großes Unglück auf uns zukommen.

Im letzten Moment entschloss sich der gute Opel ein Schwenk zu machen und seitlich an der Mauer zum Stehen zu kommen.

Der Kotflügel war zwar etwas zerkratzt, aber im Verhältnis zum neuen Tor eine Bagatelle.

Wir entschlossen uns dann doch am Fest teilzunehmen, an dessen Ende sich alle wunderten wie das gute Stück unten an die Mauer geraten war.

26. Ingenieurschule

Ich hatte immer das Pech, auf der Realschule oder auch später auf der Ingenieurschule, die dann zur FH und heute zur TH wurde, die verrufensten Lehrer und Dozenten zu bekommen.

Unser Chemiedozent, Herr Dr. Wolle, gehörte zu dieser Spezies Mensch.

In seiner ersten Vorlesung fragte er den Semestersprecher wie viele Studenten hier säßen. Auf die Antwort „30" war sein Kommentar, „ich mache 10 Ingenieure aus ihnen. Die anderen 20, also die, welche es nicht schafften, können entweder zur Bundeswehr oder aber zu VW gehen. Bei der Bundeswehr könne man leicht General werden, bei VW könne man Techniker werden, da die immer nur ein und dasselbe machten, den VW Käfer."

Das war natürlich sehr motivierend, aber symptomatisch für unsere Dozenten.

Ein anderer, Oberbaurat Schlegel, kurz Joschi genannt, weil er wie ein Wennlepper aussah, war wohl auch ein Freund des Alkohols. Kommilitonen, die in seiner Nachbarschaft wohnten, wussten das zu berichten. Wir hatten bei ihm mehrere Fächer, Wärmelehre, Verbrennungsmaschinen und Konstruktionslehre. In drei Semester, den letzten von insgesamt sechs, habe ich bei ihm so gut wie nichts gelernt. Er kam generell ohne Konzept in die Vorlesung und ließ dann einen Kommilitonen nach vorne an die Tafel kommen, um dann gemeinsam mit ihm und uns eine frei gewählte Aufgabe zu lösen. Gerne gab er uns auch über Feiertage, also Ostern oder Pfingsten, eine nicht zu lösende Aufgabe, weil jedes Mal, die eine oder die andere Angabe fehlte, um zu einer Lösung zu kommen. Die Koryphäen unter uns, ich gehörte nicht dazu, machten ihm dann Vorhaltungen nach den Feiertagen und fragten nach den fehlenden Angaben. Er erklärte, wir hätten uns dann eben Annahmen ausdenken sollen. So ein Schwachsinn! Ich habe heute noch hin und wieder Alpträume, weil ich in einer Klausur sitze und keine Ahnung habe, was ich schreiben soll.

27. Smokers or hang down your head

Fred und ich waren etwa 10 Jahre alt, und mit 10 Jahren ist man fast Mann, dachten wir, also musste "Mann" auch rauchen.
Zu der Zeit gab es Zigaretten einzeln am Kiosk oder in Kleinstpackungen zu kaufen, also mit 3 oder 5 Zigaretten in der Packung. Fred und ich hatten uns eine amerikanische Biskuit Dose organisiert. Das waren

Blechdosen, etwa 30 x 30 cm Bodenfläche und ca. 20 cm Höhe. Diese Dosen hatten einen verschließbaren Deckel, und konnten dadurch dicht verschlossen werden. Darin hatten die Amis ihre Verpflegung aus der Heimat mitgebracht, möglicherweise auch Biskuits. So eine Dose hatten wir im Park hinter einigen Büschen eingegraben und darin unsere Zigaretten und natürlich Streichhölzer versteckt.

Dort rauchten wir nachmittags bedeutungsvoll unsere Zigaretten, die uns natürlich überhaupt nicht schmeckten. Irgendwann stach uns der Hafer und wir verlegten das Rauchen der "Friedenspfeife" auf das Dach des Wohnhauses, in dem mein Freund Fred wohnte. Das heißt die Wohnung lag im 3. Stock und darüber war nichts mehr, also durch Bombenschäden nur noch eine kahle Betonfläche. Wir schlichen also an der Wohnung von Fred vorbei nach oben, in der irrigen Annahme nicht gehört worden zu sein. Wir saßen nun stolz auf dem Dach und rauchten. Plötzlich tauchte nach bester Winnetou Manier der Kopf von Freds Mutter aus dem Treppenschacht auf. Sie hatte sich auf allen vieren hochgeschlichen, das wohl auch von Karl May gelernt. Natürlich gab es ein schweres Donnerwetter und die Ankündigung, dass der Vater abends entsprechend handgreiflich werden würde. Nun war Fred ein wohl behütetes Einzelkind und nicht wie ich in der rauen Wirklichkeit mit zwei älteren Schwestern groß geworden. Fred war so geknickt, dass er sich entschloss aus dem Leben zu scheiden. Er besorgte sich einen großen Nagel und ein Stück Kordel und wollte im Park an einem Baum sein junges Leben aushauchen. Ich nahm das staunend zu Kenntnis und begleitete ihn in den Park.

Da er aber wesentlich kleiner als ich war, hatte er Probleme den Nagel in angemessener Höhe in den Baum zu schlagen. Großzügig erbot ich mich ihm zu helfen und schlug den Nagel seitlich in den Baum, so dass er als Haken nicht mehr verwendbar war. Fred war tief enttäuscht von mir. Als ich ihn in späteren Jahren beim Bier daran erinnerte, dass ich ihm das Leben gerettet hätte, in der Hoffnung auf Freibier, stieß ich leider auf taube Ohren.

28. Jugendbewegung

Im sogenannten 3. Reich gab es keine freie und unabhängige Jugendbewegung mehr, es gab nur die Hitlerjugend. Pfadfinder, Wandervogel, alles war verboten. Die Bewegung der Edelweiß Piraten war ein Versuch sich aufzulehnen, aber im Grunde war diese Gruppe schon sehr politisch engagiert und musste dafür einen hohen Preis zahlen. Was wir, die Jugend nach dem Krieg wollten, war Unabhängigkeit, Freiheit und Reisen am liebsten in ferne Länder. So stieß ich, ich war damals 12 Jahre alt, zur Freien Autonomen Jungenschaft, einer Gruppe von Jugendlichen, die in Köln-Kalk im ausgebombten Industriegebiet, Kalk-Mülheimer Straße/Vietor Straße einen großen Keller bezogen hatte, wo die Treffen stattfanden, genannt Heimabende. Ein Freund nahm mich mit dahin, und ich werde nie den ersten Abend dort unten vergessen. Es roch etwas modrig, aber auch nach Abenteuer, bedingt durch die spärliche Beleuchtung. Ich wurde von dem Gruppenleiter, dort Horten Führer genannt kameradschaftlich empfangen. Kurz darauf kam noch eine Gruppe Jungens dazu, die von einer größeren Fahrt zurückkamen. Ich glaube es war das Ende der Osterferien. Unter großem Hallo wurde die übrig gebliebene Verpflegung verteilt und anschließend, mit der Unterstützung von zwei Gitarren, Fahrtenlieder geschmettert, zum Teil in Englisch oder Französisch (Gräfin Anne von Bretagne Duchesse en sabots). Ich war fasziniert. Leider zogen wir kurz danach in einen anderen Kölner Stadtteil und ich durfte nicht mehr zu den Heimabenden, da ich dann erst sehr spät nach Hause gekommen wäre. Zwei Jahre später stieß ich dann wieder zu dieser Gruppe, aber davon berichte ich noch in anderen Kapiteln.

29. Verpasste Schneeballschlacht

Das Los des Sohnes, der mit einem Vater gesegnet ist, der selbstständig ist, kann durchaus stressig sein. Mein Leben war in dieser Hinsicht stressig. Anfang der 50iger Jahre wohnten wir in Köln-Riehl und die Werkstatt meines Vaters war in Köln-Kalk. Wir hatten Weihnachtsferien und ich musste, wie schon erwähnt jeden Tag von morgens bis abends mitarbeiten. Dazu gehörte Geländer anzustreichen, die Werkstatt kehren oder Lkws abladen. Ich kam dann jeweils nach Hause, wenn es bereits dunkel war. Eines Abends begegnete mir beim Heimweg noch ein Freund, der auch auf dem Weg nach Hause war. Er berichtete mir voller Stolz von einer riesigen Schneeballschlacht, die sich die ganze Straßengang geliefert hätte. Es hatte ein paar Tage vorher kräftig geschneit. Ich war zu dieser Zeit etwa 12 Jahre alt und natürlich todtraurig, dass mir solche Freuden vorenthalten wurden. Dann nahm ich mir ein Herz und fragte meinen Vater, ob ich nicht eine Stunde früher Schluss machen könnte, um an Schneeballschlachten teilnehmen zu können. Die Bitte wurde mir großzügig gewährt. Dummerweise war der Schnee schon geschmolzen als ich früher gehen konnte.

30. Opel kaputt oder der vergessene Schlüssel

Ich war 13 oder 14 Jahre alt und natürlich an allem was Auto hieß sehr interessiert. Mein Vater besaß zu jener Zeit einen Opel Olympia in sattem Beige mit viel Chrom, zwar nicht mehr ganz neu, aber gut in Schuss.
Diesen Wagen hütete er wie seinen Augapfel. Das Auto blieb immer über Nacht in seiner Werkstatt in Kalk stehen und er selbst fuhr mit der Straßenbahn nach Hause, um den Wagen zu schonen. Nun kam er eines Abends nach Hause und hatte seinen kompletten Schlüsselbund in der Werkstatt zurückgelassen. Ich wurde also beauftragt mit dem Rad von Köln-Niehl nach Kalk zu fahren, mit einem Zweitschlüssel die Werkstatt zu öffnen, um den Hauptschlüsselbund nach Hause zu holen. In der Werkstatt stand natürlich der schöne Opel und hatte vor und hinter sich ein paar Meter Platz. Ein gefundenes Fressen für mich. Ich übte mit dem Fahrzeug anfahren und dann wieder rückwärtsfahren, immer hin und her und möglichst zügig. Die Fahrzeuge hatten zu der Zeit fast alle Lenkradschaltung. Das war modern und außerdem hatte die Schaltung nur drei Gänge. Der Rückwärtsgang lag oben und der erste Gang unten, gegenüber von dem Rückwärtsgang.

Der zweite Gang lag auch oben, aber natürlich entsprechend versetzt zu dem Rückwärtsgang. Das war mein Verderben. Ich war einige Male hin und her gefahren und wollte gerade wieder rückwärtsfahren, gab kräftig Gas und krachte vorwärts mit der Motorhaube in einen Schraubstock, der wiederum an einer Werkbank verschraubt war. Das war ein massiver Schraubstock. Dieser Abdruck war nun eindrucksvoll in der Motorhaube zu bestaunen. Meine Versuche das Missgeschick mit dem Hammer wieder auszubeulen waren nicht sehr erfolgreich. Natürlich erzählte ich meinem Vater nichts von der Karambolage und hoffte, dass am nächsten Abend sein Zorn wieder abgekühlt sein möge. Das war dann auch so, und es blieb bei einer Gardinenpredigt, diesmal ohne handfeste Züchtigung.

31. Eine Suppe in Italien…. ohne ranziges Fett

Unsere Jugendgruppe gehörte in den 50igern, gemeint sind die Jahre von 1950 – 1959 zu den Pionieren in Bezug auf Italienurlaub. Es war noch keinesfalls selbstverständlich Urlaub im Ausland zu machen. Wir Jugendliche aber fuhren mit ganz wenig Geld entweder per Anhalter, in der Bretterklasse der Eisenbahn oder zu Fuß nach und durch Italien. Wir wurden in Catania auf Sizilien mit faulen Tomaten beworfen, weil seit dem Krieg keine Deutschen mehr da waren, oder sie wurden als solche nicht erkannt. Wir wurden erkannt, trugen wir doch Lederhosen und die italienischen Kinder rannten johlend hinter uns her. So was hatten sie noch nicht gesehen. Wir fuhren, wie gesagt, mit ganz kleinem Geld durch die

Gegend und kochten unterwegs in einem schwarzen Horden Topf unser Essen. Jeder hatte ein Kilo Hülsenfrüchte mitgebracht und jeder musste im Wechsel auch davon eine Suppe kochen. Unser Gruppenführer hatte etwas Speck eingekauft, der mehrere Tage hintereinander Stück für Stück und ausgelassen mit in die Suppe sollte. Natürlich vertrug dieser Speck nicht gut die Hitze und begann langsam ranzig zu werden. Meine Kollegen hatten den Tag vor mir gekocht und das ranzige Fett in die Suppe gegeben. Natürlich wurde die Suppe nur wenig gelobt, geschweige denn gegessen.

Jetzt war ich dran. Ich ließ den Speck in einer Pfanne aus und als keiner hinsah, ich dachte das wenigstens, goss ich das ranzige Fett ins Feuer. Aber ein Hungriger hatte es doch gesehen und lief ob dieses Frevels schimpfend zum Gruppenführer. Ich beteuerte, dass das ganz aus Versehen passiert wäre und habe dann die restlichen Grieben in die Suppe gerührt. Diesmal war die Suppe in null Komma nichts gegessen. War da mein Engel wieder am Werk? Einen Teil der Rückfahrt machten wir mit der italienischen Eisenbahn, endlos langsam, denn D-Zugfahrten war nicht im Etat enthalten. Mein Freund und ich suchten verzweifelt einen Platz, um unser müdes Haupt zu betten. Schließlich rollten wir unsere Schlafsäcke vor der Toilette, aber auch vor der Außentür aus. Wir lagen also nebeneinander mit den Köpfen genau vor der geschlossenen Waggontür.

Dann hielt der Zug an und von außen machte ein Italiener die Tür auf und sah direkt auf zwei Köpfe. Er entschuldigte sich höflich mit „Scusa" und schloss die Türe wieder leise. Er war erstaunt, dass auch Schlafwagen bei den Bummelzügen eingesetzt wurden.

32. Opel Kapitän, Traum oder Alptraum

Es war das Jahr des Herrn 1958 und meine Schwester Greta hatte einen Studienfreund namens Meinhard. Sein Opel Kapitän war zwar nicht schneeweiß, wie von Reinhard Mey besungen, eher schwarz verschossen, aber einen gewissen Kultstatus hatte auch dieses Auto, jener Opel Kapitän von Meinhard. Der hatte sich dieses Gefährt mit zwei Freunden zugelegt. An selbigen war so ziemlich alles kaputt was kaputt gehen konnte. Da ich zu dieser Zeit meine Lehre bei Daimler Benz machte, sollte ich bei einer Probefahrt die Fehler diagnostizieren und vielleicht sogar reparieren. Wir fuhren also mit dem Kapitän um den Block und dann zurück vor unser Haus. Dazu muss man wissen, dass wir durch eine Toreinfahrt fahren mussten, hinter der die Werkstatt von meinem Vater lag, wo allgemeine Bauschlosserarbeiten durchgeführt, aber keine Autos repariert wurden. Wir waren also vor dem Tor angekommen, meine Schwester, ihr Kollege und ich, als ein Streifenwagen neben uns hielt. Sie beäugten den wohl nicht mehr ganz fahrtüchtigen Opel und wollten schon ein Protokoll ausstellen, als mein Vater angerollt kam. Ich hatte nie ein gutes Verhältnis zu ihm, aber manchmal konnte man sich schon auf ihn verlassen. Er erfasste die Situation blitzschnell, riss das Tor auf und befahl mit Kasernenhofstimme, er war immerhin Offizier im Krieg gewesen, den Opel Kapitän in die Werkstatt zu fahren, denn dafür wäre er ja angemeldet. Die Polizisten

konnten nur noch staunend hinterhersehen, wie ihr
gestelltes „Wild" in der Toreinfahrt verschwand. Wie
gesagt, auch schwierige Väter können manchmal
nützlich sein.

33. Istanbul-Fahrt mit altem Ford „Buckel"

Wir waren vier Freunde und hatten, bis auf einen, alle
gerade unseren Führerschein gemacht.
Ich weiß heute nicht mehr wer dann auf die glorrei-
che Idee kam, einen gebrauchten Wagen zu kaufen
und damit ausgerechnet nach Istanbul zu fahren.
Nach Istanbul auf dem Landweg zu fahren ist heute
sicherlich nicht gerade ein Zuckerschlecken, aber
1958? Wir legten zusammen und kauften für 500 DM
einen recht betagten Ford, der wegen seiner runden
Form auch als Ford „Buckel" bezeichnet wurde.
1958 waren 500 DM für ein Auto nicht viel Geld und
in einem passablen Zustand war dieses Gefährt dann
auch nicht. Egal, wir starteten mit diesem Fahrzeug
gegen Süden und zunächst ging alles glatt, aber in
Österreich mussten wir einen Pass überqueren. Wir
hatten uns den Pötschenpass ausgesucht. Der war
nicht nur ca. 1000 m hoch, der bestand im oberen
Teil auch nur noch aus Geröll. Für unser betagtes
Auto war die Steigung zu viel, er schaffte das nicht,
aber Not macht erfinderisch. Der Rückwärtsgang ist
gemeinhin bei Autos höher übersetzt als der 1. Gang.
Das wussten wir und also fuhren wir den Pass rückwärts hoch. Bei dem geringen Verkehr zu dieser Zeit
fielen wir noch nicht mal besonders auf. Und dann
waren wir auch schon bald in Jugoslawien. Hier er-
wartete uns die nächste Herausforderung. Ein

Mitreisender litt unter Asthma und der plötzliche Klimaumschwung bekam ihm gar nicht gut. Trotz Medikamenten ging es ihm immer schlechter und wir beeilten uns, soweit es mit dem alten Auto möglich war, nach Belgrad zu kommen. Nur dort hofften wir eine adäquate Klinik zu finden, die unserem Freund helfen könnte. Wir fragten uns in Belgrad durch, mit den kyrillischen Buchstaben auf den Straßenschildern nicht einfach, aber schließlich hatten Erfolg. Wir ließen unser Gefährt draußen vor dem Tor stehen, bewacht von einem Freund. Der andere Freund und ich schleppten unseren kranken Begleiter dann in die Klinik. Nach langem hin und her und Übersetzungsproblemen bedeutete man uns, dass unser Kranker in eine andere Klinik müsste. Er wurde in einen Krankenwagen verladen, wir durften mit rein und ab ging die Post. Aber am Ausgang des Krankenhauses wartete unser Freund auf den Buckel aufpassend und wir hatten keine Ahnung, wohin die Reise ging, und ob wir jemals zurückfinden würden. So versuchten wir aus dem fahrenden Krankenwagen heraus, lautstark, auf uns aufmerksam zu machen und brüllten, als wir am Ausgang unseren wartenden Freund passierten, dass er uns folgen sollte. Man stelle sich vor, aus einem fahrenden Krankenwagen in Belgrad schreien zwei Personen und dann noch in einer Sprache, die dort sicherlich keiner versteht. Die Leute mussten annehmen, dass hier ein Transport in die Psychiatrie stattfinden würde. Natürlich hat unser Freund draußen genauso gedacht, denn verstanden hat er nichts. Glücklicherweise war das andere Krankenhaus nur etwa 10 Gehminuten entfernt und nachdem unser Freund dort eingeliefert worden war, fanden wir nach einigem Suchen zurück zu unserem

Ausgangspunkt, sprich unserem Auto und dem dort wartenden Freund.

34. Schwuler Gardasee

Es muss das Jahr 1955 oder 1956 gewesen sein. Unsere Jungenschaft Gruppe war auf dem Rückweg von Sizilien. Das hieß damals: Wir waren auf "Großer Fahrt" und so machten wir noch einen Zwischenstopp am Gardasee. Der Abschied rückte auch hier nun näher, aber wir mussten zu Fuß noch zum nächsten Bahnhof und der war 25 km entfernt, in Rovereto. Kumpel Fred und ich konnten uns aber noch nicht von dem blauen Wasser des Gardasees losreißen und ließen unsere Kameraden schon mal vorgehen.

Aber irgendwann wurde es auch für uns Zeit und um die verlorene Zeit aufzuholen, entschlossen wir uns zu trampen, sprich per Anhalter nach Rovereto zu gelangen.

Gesagt getan und schon bald hielt ein geräumiger Opel und nahm uns beide mit.

Unterwegs gabelten wir noch einen Nachzügler unserer Truppe auf und unser Zielort rückte näher.

Nun hatte der Fahrer, der übrigens ein Deutscher war, uns nicht nur wegen unserer schönen Lederhosen mitgenommen, vielleicht auch gerade deswegen.

Er war offensichtlich homosexuell.

Ich saß vorne neben ihm, jugendlich frisch mit braungebrannten Beinen und natürlich mit Lederhose.

Schon bald lag seine Hand auf meinem Oberschenkel und mir wurde aufgrund meiner Erfahrungen einiges klar.

Ich dachte mir "Nix es ömesöns" und solange seine Hand dableibt, sage ich auch nichts.

Dann fragte er nach unseren Finanzen, wieviel Geld wir noch hätten. Keines war unsere Antwort, wir haben noch genügend Wasser in unseren Feldflaschen und ein paar Äpfel fallen unterwegs bestimmt auch noch vom Baum und morgen sind wir auch schon wieder zu Hause.

Daraufhin zog er seine dickgefüllte Brieftasche aus der Jacke, legte sie mir in den Schoß und ich sollte mich daraus bedienen. Ich habe mich natürlich geziert dann aber nach mehrmaliger Aufforderung ungefähr 10 DM herausgenommen.

Wir wurden dann am Bahnhof abgesetzt und noch zusätzlich zu einem Eis eingeladen, aber mehr wollte unser homosexueller Freund nicht von uns und dass, so fanden wir, war ein faires Geschäft.

Und während der Rückfahrt im Zug, hat uns der neuerliche Geldzufluss geholfen, den Hunger zu vertreiben und darüber nachzudenken ob dieser Mann wirklich homosexuell war.

35. Kehren bei Mercedes oder die verrückten Schwaben

Ich brauchte, um Maschinenbau studieren zu können, ein zweijähriges Praktikum oder, noch besser, eine abgeschlossene Lehre im Metallberuf. Als motorsportbegeisterter Junge dachte ich, Mercedes mit seinem damaligem Top Rennwagen dem 300 SL, wäre diese Firma die richtige Adresse und ich bewarb mich um einen Ausbildungsplatz, was mir auch gelang. Ich ging also meinen Verpflichtungen dort nach, feilen, Berichtsheft schreiben und kehren.

Besonders kehren!

Freitagsnachmittag mussten alle Lehrlinge, die nicht vor dem Abschluss standen, also im dritten Lehrjahr waren, die Werkhallen auf Vordermann bringen und das hieß, man konnte anschließend fast vom Boden essen. Ich war „Vorkehrer", als Lehrling mit mittlerer Reife. Die mit Hauptschulabschluss, der früheren Volksschule, waren jünger als ich, und somit hatte ich 4 Lehrlinge unter mir, die mit mir kehrten. Alles musste akkurat aufgehängt werden, Luftschläuche, elektrische Verlängerungskabel, etc. In den Gruben, oben standen die zu reparierenden Autos wurde Sägemehl ausgestreut, um evtl. tropfendes Öl zu absorbieren. Das Sägemehl musste ganz genau und gerade an die Kanten gekehrt werden sonst gab es Ärger mit dem Meister, der das Ganze zum Schluss abnehmen musste. Dummerweise wurde aber in dieser Zeit von den Monteuren weitergearbeitet, die ihre Autos fertig reparieren mussten. Dadurch wurden unsere mit Sägemehl schön säuberlich gezogenen Kanten wieder in alle Richtungen verstreut. Es war eine Sisyphos Arbeit, wir wurden nie fertig. Bei Feierabend musste ich zu unserem Meister Biermann, natürlich ein Schwabe, der den Zettel zu unterschreiben hatte, der bestätigte, dass alles sauber ist. Sonst durften wir, meine Truppe und ich nicht zum Duschen. Natürlich unterschrieb er gewöhnlich nicht wegen der unsauberen Kanten. Wir kamen dann im Schnitt immer erst eine halbe bis zu einer ganzen Stunde später zum Umziehen. Daraufhin sann ich auf eine List.

Neben dem Obermeister, diesem Ekel aus Stuttgart, gab es einen zweiten Meister, ein Kölner. Der war so weit in Ordnung durfte aber nicht unterschreiben solange der Obermeister greifbar war. Ab sofort war der Obermeister, wenn ich mit meinem Zettel unterwegs war, nicht mehr greifbar. Ich schlich mit meinem Zettel hinter dem Obermeister her und sobald er auf die Toilette ging oder eine Probefahrt machte, rannte ich zu dem Kölner Meister und bat um seine Unterschrift. Der verwies mich an seinen Obermeister, aber ich versicherte ihm, dass der schon lange auf einer Probefahrt sei und leider, leider nicht greifbar. Das funktionierte ab sofort dann immer prima.

36. Stromschlag KVB for ever

Meiner Erinnerung nach muss es Spätsommer 1947 gewesen sein. Halb Köln hungerte, und wer nichts zu tauschen hatte, der Schwarze Markt boomte, sah in die Röhre.
Wir wohnten in Köln-Kalk, sehr beengt bei meiner Großmutter und lebten von der Hand in den Mund. Meine Mutter hatte gehört, dass in Porz-Zündorf ein Getreidefeld abgeerntet wurde und hatte meine Schwestern mit der Straßenbahn dahin geschickt, um Ähren aufzusammeln. In der Hoffnung, dass meine Schwestern mit Bündeln von Ähren zurückkommen würden, schickte meine Mutter mich mit dem Leiterwagen nach Poll zur Haltestelle. Die Straßenbahn ließ auf sich warten und ich langweilte mich. Also stellte ich mich auf den Leiterwagen und versuchte ihn durch Schaukelbewegungen in Bewegung zu bringen. Das gelang nicht so richtig, aber ein

Oberleitungsmast war in der Nähe. Deshalb beugte ich mich vor, um mich von dem Stahlmast abzustoßen. In dem Moment als ich den Mast anfasste, dachte ich mir würde der Arm abgerissen. Offensichtlich war durch Kriegseinwirkungen ein verspäteter Schaden an der Oberleitungsisolation aufgetreten. Glück im Unglück hatte ich, weil ich auf einem hölzernen Leiterwagen stand.

Ich muss unheimlich laut geschrien haben und bekam endlich meinen Arm von dem Mast frei. Ein wartender Fahrgast auf der anderen Straßenseite kam zu mir rüber und fragte was los sei. Meinen Auskünften glaubte er zunächst nicht, als er aber aus respektvollem Abstand mit dem Handrücken an dem Mast vorbei strich, wurde er eines Besseren belehrt und glaubte mir.

Ich weiß nicht mehr was danach passiert ist oder wie ich nach Hause gekommen bin. Aber vor Oberleitungsmasten hatte ich von da an einen Riesenrespekt.

37. Luftgewehr, wie zertrümmert man eine Scheibe

Wie schon erwähnt wollte mein Vater kein Luftgewehr im Haus haben, aber ich. Wir hatten einen großen Keller, in dem man viel verstecken konnte und so hatte ich auch das geliehene Luftgewehr meines Freundes dort versteckt. War mein Vater mit meiner Mutter am Wochenende unterwegs, betätigte ich mich auf dem Hof als „Kunstschütze" und schoss auf Dosen und Flaschen. Natürlich war der Hof einsehbar und die Nachbarn, so sie denn aus dem Fenster schauten, konnten mich mit meinem Luftgewehr sehen. Allerdings gab es in der Nachbarschaft einen

„Kollegen" der offensichtlich ein Flobertgewehr sein Eigen nannte. Das sind Gewehre, die nicht durch den Luftdruck betrieben werden, sondern durch einen Zündmechanismus, also in ihrer Durchschlagswirkung etwas stärker als Luftgewehre sind, aber trotzdem nicht als richtiges Gewehr firmieren.

Ich wusste nicht genau wo er wohnte, hörte aber abends, wenn ich auf unserem Hof mein Fahrrad putze, des Öfteren den typischen Knall dieses Gerätes. Offensichtlich hatte er sich bei dieser Gelegenheit auch die Scheiben der Nachbarschaft aufs Korn genommen und wohl auch eine Scheibe zerschossen. Als mich dann der geschädigte Nachbar mit meinem Luftgewehr auf dem Hof sah, kam er wutentbrannt, schellte bei uns und kündigte an, dass er mich bei der Polizei anzeigen würde.

Nun musste ich bei meinem Vater Farbe bekennen, der natürlich „not amused" war. Gott sei Dank glaubte er mir, dass ich nicht die Nachbarscheiben aufs Korn genommen hätte und war mit mir einer Meinung, dass ich wohl kaum für den Schaden verantwortlich sein konnte durch die relativ weite Entfernung der Fensterscheibe des Nachbars. Mein Vater hatte im Keller noch ein paar alte Fensterscheiben mit Rahmen stehen. Diese stellte er am Rande unseres Grundstückes auf. Jetzt postierte er sich mit dem Luftgewehr in dem Abstand von der aufgestellten Glasscheibe, die der Entfernung zur Scheibe unseres Nachbarn entsprach.

Dann schoss er mehrmals auf die Scheibe, die tatsächlich dem Beschuss standhielt. Daraufhin erhielt ich die Order, den Nachbarn herüberzuholen, damit er selbst die Möglichkeit hatte, auf die Scheibe schießen zu können, um meine Unschuld zu beweisen.

Gesagt getan, der Nachbar kam, schnappte sich das Gewehr, schoss auf die Scheibe und die Scheibe zerbrach! Er war selbst verblüfft und ließ sich von meinem Vater überzeugen, dass wir die Scheibe wohl schon zu sehr strapaziert hätten und bei ein oder mehreren Schnäpsen wurde dann das „Kriegsbeil" begraben.

So habe ich meinen Vater also auch kennengelernt.

38. Es gibt doch eine höhere Gerechtigkeit

Mein Sohn Holger war ungefähr 4 Jahre und mein Neffe Simon circa 6 Jahre alt. Wir planten zu dieser Zeit nach Frankreich an die Atlantikküste zu fahren, um Urlaub zu machen. Meine Schwester Greta, die an Krebs erkrankt war, bat mich ihren Sohn Simon mitzunehmen, da sie aus naheliegenden Gründen nicht in Urlaub fahren konnte. Simon litt hochgradig an Asthma und der Arzt hatte Seeluft empfohlen. Später stellte sich heraus, dass es eine Katzenallergie war. Natürlich sagte ich zu, nur meine damalige Frau fiel fast in Ohnmacht, als sie die Medikamente sah, die Manfred nehmen musste. "Du willst ein todkrankes Kind mit in Urlaub nehmen, bist du verrückt?" Meine "Damalige" war von Beruf MTA, also Medizinisch-Technische Assistentin, und kannte sich mit Medikamenten etwas aus. Das macht vielleicht klar warum ich "damalige Frau" geschrieben habe. Für mich als Familienmensch kein Hindernis und Simon fuhr natürlich mit. Vom ersten Tag an der See brauchte Simon keinen Tropfen seiner Medikamente mehr, es war keine Katze da und die Seeluft tat ein Übriges.

Aber unser Sohn Holger, der arme Kerl musste möglicherweise das Wissen seiner Mutter ausbaden, was Medikamente betraf. Holger war vom ersten Tag an krank. Er hatte schon immer einen empfindlichen Magen und das Essen dort in Frankreich bekam ihm überhaupt nicht. Ständig hatte er Durchfall und ich erinnere mich an eine Nacht als er mit voller Hose vor meinem Bett stand, denn seine Mutter schlief tief und fest. Deshalb kam er zu mir. Zuständigkeitshalber habe ich seine Mutter geweckt, die den Jungen säuberte und mit frischer Wäsche versah. Dann wurde Holger in ein frisches Bett gesteckt. Es ist schon komisch, mit dem gesunden Jungen hat man Sorgen, mit dem kranken keine.

39. 7,5 Tonner vom Werksgelände schmuggeln.

Eine Zeitlang war meine Firma stark im Zaungeschäft engagiert. Unter anderem arbeiteten wir für Automobilhersteller, die oft für ihre Überproduktionen große Fläche einzäunen mussten. Bei diesen Automobilfirmen wurde aus Sicherheitsgründen am Eingangstor akribisch von dem Pförtner, also Werkschutz, jedes Stück Werkzeug auf dem einfahrenden Lkw notiert, damit beim Rausfahren ebenfalls kontrolliert werden konnte. Damit stellte der Auftraggeber fest, ob auch nichts vom Werksgelände mitgenommen wurde.
Nun hatten unsere Monteure die Aufgabe schwere Zaunpfosten aus U-Stahl-Profil zu demontieren und auf die werkseigene Deponie zu bringen. Sie hatten aber vergessen, dass diese schon um 15:30 Uhr ihre Pforten schloss und so wurden sie die Zaunpfosten

nicht mehr los. Diese irgendwo für den nächsten Tag auf dem Werksgelände zwischenzulagern wäre sehr teuer gewesen, denn die Baustelle war beendet. Meine Leute wollten Feierabend machen, aber mit den Pfosten ging das nicht, sie mussten ja am Werkschutz vorbei. Was konnte man da machen?

Zufälligerweise kam ich in diesem Moment dazu und hörte von dem Problem.

Nun hatten wir vor ein paar Tagen direkt vor dem Hauptverwaltungsgebäude ein Tor instandgesetzt, von dem ich noch den Bauschlüssel hatte.

Also ließ ich meine Leute den beladenen LKW, für alle gut sichtbar innen vor das instandgesetzte Tor am Hauptgebäude fahren. Pro forma besserten meine informierten Leute von innen noch Lack am Tor aus.

Nach 10 Minuten schloss ich mit dem Bauschlüssel das Tor auf und ließ den Lkw umsetzen, natürlich auf die Außenseite vor dem Zaun. Dann wurde das Tor wieder von mir verschlossen und meine Männer lackierten noch ein bisschen von außen. Dann fuhren wir vom Werkschutz unbehelligt in Richtung Heimat und entsorgten die Pfosten auf dem eigenen Schrottplatz.

3 Tage später bekam ich einen Anruf von dem Leiter des Werkschutzes. „Mist" dachte ich, jetzt sind wir doch aufgefallen. Aber nein, er wollte nur günstig von uns einen Absperrpfosten für sein Privatgrundstück haben. Diesen Wunsch konnte ich ihm liebend gerne erfüllen.

40. Hundeverstand

Ich wollte als Junge schon immer einen Hund haben und wurde dabei immer von meiner Schwester Greta auch unterstützt. Mein Vater war generell dagegen, mit der Begründung „der scheißt mir doch mein Grundstück zu". Dass ein Hund jeden Tag mindestens zweimal am Tag ausgeführt werden muss um eben nicht, ich zitiere „das Grundstück zuzuscheißen", war ihm nicht bewusst, auch nicht meiner Schwester und auch nicht mir. Nun wurde in unserer Bekanntschaft ein Zuhause für einen Jagdhund gesucht, nach dem Motto „Tiere suchen ein Zuhause", weil die Besitzer aus Altersgründen den Hund nicht mehr halten konnten. Meine Schwester Greta hatte, wie bekannt, von uns Dreien den besten Draht zu unserem Vater. Deshalb gelang es ihr auch den Herrscher umzustimmen. Also holten wir unseren neuen Freund freudestrahlend ab, natürlich ohne eines der Hundeinteressen, wie Gassi gehen zu berücksichtigen. Wir führten stolz „unseren" Hund meinem Vater im Wohnzimmer vor. Der hatte nichts Besseres zu tun als sofort einen dicken Haufen auf den Teppich zu machen. Das war dann leider auch das Ende unseres Wunsches einen Hund zu besitzen.

41. Die Moral der 60iger Jahre

Ich war 23 Jahre alt und meine Freundin 21 Jahre. Wir kannten uns ungefähr ein Jahr, hatten aber noch keine „Betterfahrung" miteinander.

Nun wollten wir zusammen in Urlaub an den Gardasee fahren.

Natürlich durfte man zu dieser Zeit nicht zusammen als unverheiratetes Paar ein Zimmer nehmen, es sei denn man logierte als Millionär im Grand Hotel. Aber zu dieser Klientel zählten wir nicht. Also buchten wir über „Scharnow Reisen" jeweils ein halbes Doppelzimmer. Einzelzimmer waren doppelt so teuer. Etwas anderes war auch nicht möglich. Ein schrecklicher Gedanke sich mit einem wildfremden Menschen ein Zimmer zu teilen und trotzdem fuhren los, verliebt wie wir waren.

In Torbole am Gardasee angekommen, rief mich der Hotelier in sein Büro und sagte, das ist doch ihre Freundin, nehmen sie doch ein Doppelzimmer, ich habe z.Zt. keine halben Doppelzimmer. Ich war wie vom Donner gerührt, in Deutschland wäre das nicht möglich gewesen. Jetzt musste ich meine Freundin noch überzeugen. Nach langer Überlegung willigte sie ein. Ich musste ihr aber das Versprechen abgeben, dass wir uns wie Brüderchen und Schwesterchen verhalten würden, obgleich natürlich Petting uns nicht fremd war. Wie ich gestehen muss, hat allerdings das angesprochene Geschwisterverhältnis nur 2 Nächte gehalten.

42. Rausschmiss aus Dänemark

Es war das Jahr 1956 und die Schwedische Eisenbahn feierte ihr 100-jähriges Bestehen.
Aus diesem Grunde konnten wir, drei Freunde, Wolf, Fred und ich, für kleines Geld mit einer Netzkarte quer durch ganz Schweden fahren. Das haben wir mit viel Spaß und unvergesslichen Eindrücken auf dieser Fahrt gemacht. Auf dem Rückweg kamen wir natürlich auch durch Dänemark und in Gedser, an der Fähre angekommen hatten wir noch zwei Tage Zeit, bevor wir uns wieder in Richtung Heimat auf den Weg machen mussten. Wir hatten unser Zelt dabei und suchten am Strand einen geschützten Platz, um dasselbe aufzubauen. Dort stand aber auch eine solide Holzhütte und aus dem Fenster winkte uns ein etwa gleichaltriger Junge zu. Er erklärte uns, dass er mit seinem Freund gerade im Aufbruch sei, um weiterzufahren, und wir gerne in die Hütte einziehen könnten. Das Angebot haben wir dankend angenommen, weil auch gerade ein Unwetter einsetzte und wir machten es uns in der Hütte gemütlich. Offensichtlich war diese Hütte aber nicht für müde Wandersleute gedacht, sondern der Geräteschuppen des örtlichen Schützenvereins. Dort hing eine Flinte an der Wand und es gab auch Munition dazu. Wir waren schon einige Zeit zufrieden in unserem Domizil, als wir aus der Ferne einen Mann auf die Hütte zukommen sahen. Wir saßen auf unseren Schlafsäcken auf dem Boden, als die Tür aufging und der besagte Mann hereinkam. Er suchte etwas in einem Regal, als plötzlich sein Blick auf uns fiel.

Beinahe wäre er vor Schreck in Ohnmacht gefallen. Wir versuchten ihm klarzumachen, dass wir keine Einbrecher sind und von Vorbewohnern eingeladen wurden hier zu übernachten. Er machte sich sofort auf den Rückweg und bat uns nur, alles wieder zu verschließen, wenn wir gingen. Eine halbe Stunde später bekamen wir abermals Besuch, aber diesmal von 2 Mann, und die sahen sehr nach Kriminalpolizisten aus. Ziemlich barsch verlangten sie nach unseren Ausweisen, die sofort konfisziert wurden. Unsere Beteuerungen, dass die Hütte schon offen war, wurde natürlich als Lüge bezeichnet. Noch weniger glaubte man die Geschichte der Vorbewohner. Man gab uns ein paar Minuten Zeit unsere Sachen einzupacken, und das Haus zu verlassen. Wir bekamen den guten Rat uns in einer halben Stunde an der Fähre einzufinden, was wir auch schnellstens ausführten.

Dort wurden wir auf die Fähre begleitet und erhielten unsere Ausweise zurück, mit der Maßgabe uns ja nicht noch einmal in Dänemark blicken zu lassen.

43. Pfadfinder

Ich war 13 Jahre alt und evangelisch. Das war insofern von Bedeutung, weil mein katholischer Freund zwei Jahre älter, und bei den katholischen Pfadfindern Mitglied war. Ich durfte aus diesem Grunde nicht Mitglied bei ihnen werden, es gab schließlich auch evangelische Pfadfinder. Nun plante diese Gruppe in Oberstdorf im Allgäu ein Sommerlager abzuhalten und ich durfte, obgleich mit dem „falschen Gesangbuch" ausgestattet, ausnahmsweise mitfahren. Der Pfarrer hatte dafür gesorgt, dass wir in nagelneuen Ford Pkws nach Stuttgart mitgenommen wurden, Autotransporter gab es noch nicht. Von dort wollten wir trampen, sprich per Anhalter, weiter nach Oberstdorf fahren. Meiner Mutter passte das natürlich nicht, dass ich mit 13 Jahren allein durch Deutschland trampen sollte. Sie verpflichtete meinen zwei Jahre älteren Freund mich ja nicht allein zu lassen, also immer zu zweit zu trampen. Wir stiegen also in Stuttgart an der Autobahnausfahrt aus unseren schönen neuen Transportmitteln aus und fanden uns in einer langen Schlange von Trampern und Tramperinnen wieder, fein säuberlich aufgereiht an der Autobahn. Zu jener Zeit war das nichts Besonderes. Mein Freund, der meiner Mutter geschworen hatte, mich nicht aus den Augen zu lassen, entschied sofort, dass wir uns trennen müssten, zu zweit hätten wir überhaupt keine Chance.

So stand ich am Ende der Schlange, er hatte sich listig einige Plätze vorgepfuscht und hob pflichtschuldigst meinen Daumen, wenn ein Fahrzeug sich näherte.

Schließlich hielt vorne an der Schlange ein Motorrad, es war eine 350iger Horex, damals eine imposante Maschine. Aber niemand hatte Interesse mit so einem Gefährt zu fahren. Der Motorradfahrer fragte mehrere Tramper, bis er schließlich bei mir landete. Ich dachte, besser schlecht gefahren als gut gegangen und stieg mit meinem schweren Rucksack und natürlich ohne Helm auf den Feuerstuhl. Das war wirklich ein Feuerstuhl, der Fahrer suchte offensichtlich nur Ballast für sein Gefährt und traf auf mich. Er fuhr mit atemberaubender Geschwindigkeit los und der Griff, an dem ich mich festhalten konnte, schien unter Strom zu stehen, so wie dieser vibrierte.

Als er irgendwann etwas langsamer fuhr, habe ich mich vorgebeugt, um auf den Tacho zu sehen. Er fuhr noch immer mit 100 Sachen, 1952 eine stolze Geschwindigkeit. Gut, dass Mütter nicht immer alles mitkriegen, was ihre Sprösslinge so anstellen.

44. Der Vater, der versagte

Mein Vater war in seiner Rolle als Erzieher nicht sehr erfolgreich, bzw. mit vielen Mängeln behaftet. Ein Leben lang hatte ich meine Probleme mit ihm, wobei die Schuld sicherlich nicht nur bei ihm lag.
Ich will hier nicht aufzählen wie oft ich verprügelt wurde und auch Kinderarbeit war in den Nachkriegszeiten normal. Mit 10-12 Jahren habe schon kräftig mit anpacken müssen, aber darüber beschwere ich mich nicht. Manchmal hat er ein halbes Jahr nicht mit mir gesprochen, weil ich ihn mal wieder bei irgendeiner Gelegenheit enttäuscht hatte. Aber das alles habe ich ihm verziehen, weil er es eben auch nicht besser kannte. In seiner Kindheit ging es eben rau zu, er hatte sich unter schwersten Bedingungen aus ärmlichen Verhältnissen nach oben gearbeitet.
Nur eine Sache muss ich los werden, diese kann ich ihm auch nicht verzeihen, ausfolgendem Grund:
Ich musste, speziell während meiner Studienzeit, oft meines Vaters Geschäftsfreunde abends nach Hause fahren. Es war in dem Geschäftshaushalt meiner Familie üblich, gute Geschäftsfreunde zu Hause zu bewirten. Das hieß, dass ich in der Wirtschaft nebenan eine Flasche „Asbach" und ein paar Flaschen Bier holen musste, sobald ein Geschäftsfreund aufkreuzte. Große Vorräte dieser Art hatten wir also

nicht. Es passierte häufig, dass ich in meinem Zimmer saß während solcher Trinkgelage und für eine Klausur arbeitete, die am nächsten Morgen über die Bühne gehen sollte. Meine Mutter kam dann in mein Zimmer, oft war es später als 22 Uhr und sagte mir, dass ich noch nicht ins Bett gehen könne, weil ich noch jemand nach Haus fahren müsse. Es war ziemlich egal, was draußen für ein Wetter herrschte, auch Glatteis oder Schneetreiben waren kein Hinderungsgrund mich als Chauffeur zu benutzen. Das machte ich auch bei jedem Wind und jedem Wetter.

Dann wollte ich mit meiner neuen Flamme Inge und meinem Studienfreund Wilhelm samt Frau über Weihnachten zum Skilaufen in den Harz fahren. Ich fragte meinen Vater, ob ich zwischen Weihnachten und Neujahr, in der Zeit wurde bei uns nicht gearbeitet, ein Auto von ihm bekommen könne, was mir erlaubt wurde. Dann fing es schon Mitte Dezember heftig an zu schneien und ganz Deutschland lag unter einer dichten Schneedecke. Nun wurde die Zusage, obgleich schon alles gebucht war, zurückgenommen, er hatte Angst um sein Auto.

Ich hatte problemlos bei jedem Wetter seine angeheiterten Geschäftsfreunde nach Hause gefahren. Das zählte aber für meinen Vater nicht. Dass die Straßen lange vor Weihnachten wieder geräumt waren, spielte auch keine Rolle mehr. In meiner Verzweiflung habe ich dann auf die Schnelle einen uralten VW gekauft und die Fahrt in den Harz ist nur ungenügend mit "Pleiten Pech und Pannen" beschrieben. Da hätte mein Vater mir etwas Verständnis oder Fairness entgegenbringen können, und er wäre auf dem Weg gewesen, ein guter Vater zu werden!

45. Meine verkorkste Erziehung

Das Motto meines Vaters war u.a. „Gehe nicht zum Fürsten, wenn du nicht gerufen wirst". Mein Vater war obrigkeitshörig. Das heißt, wenn er zu einem höheren Angestellten einer Firma, z.B. einem Prokuristen bestellt wurde, machte er schon im Vorzimmer bei der Sekretärin seine Bücklinge.

So wurde ich dann auch erzogen, ein Vater, ein Lehrer oder Vorgesetzter sind absolute Respektspersonen und haben immer Recht. Außerdem erklärte mein Vater mich bei jeder Gelegenheit für unwissend und blöd. In diesem Zusammenhang ist mir eine Begebenheit schmerzlich in Erinnerung. Mein Geschichtslehrer, der seine braune Vergangenheit noch nicht abgelegt hatte und sehr streng war, hatte mir ein Referat aufgetragen mit dem Thema: Die Reformatoren des 16. Jahrhundert, also u.a. Luther, Hus und Zwingli. In meinem Geschichtsbuch wurden aber nur Luther und Hus beschrieben und ich fand nichts über Zwingli. Es gab noch kein Internet auch keine Nachschlagewerke. Lexika besaßen wir nicht. Ich habe mich nicht getraut, zum Lehrer zu gehen und zu gestehen, dass ich keine Unterlagen zu Zwingli habe. Mir fehlte zu dieser Zeit jegliches Selbstbewusstsein. Ich dachte bei solchen Gelegenheiten immer, das liegt nur an meiner Blödheit. Natürlich bekam ich nur ein ausreichend für mein Referat, weil ein wesentlicher Teil fehlte. Später, als ich schon 14 oder 15 Jahre alt war und mich Freunde besuchten, habe ich mich gewundert, dass mein Vater auch ganz normal mit denen sprechen konnte. Ich aber wurde generell angeschnauzt. Dass ich aber mit 23 Jahren fertig ausgebildeter Ingenieur war, habe ich meiner Mutter, die mich immer unterstützt hat und der Jugendbewegung, in der ich ab meinem 13. Lebensjahr aktiv war zu verdanken. Mein Vater setzte das voraus, ich mache ihm trotzdem keinen Vorwurf. Er wuchs mit Prügelstrafe auf und das war normal in seinen Kreisen. Bei passenden Gelegenheiten habe ich mich mit meinen Mitteln revanchiert. Ich habe mein Moped mit einem Schlauch immer über sein Auto betankt. Abends, wenn meine Eltern im Kino waren, bin ich dann mit seinem Auto, natürlich noch ohne Führerschein, über die Autobahn gejagt. Wer war jetzt zu blöde den Schlüssel abzuziehen? So war meine Rache und nur so konnte ich mein Selbstvertrauen aufbauen.

Wenn ich aber heute nachdenke, nachdem ich mehr als 40 Jahre als Unternehmer gearbeitet habe und jetzt ein sorgenfreies Rentnerleben führe, ich mich regelmäßig mit ehemals leitenden Angestellten meiner Auftraggeber zum Stammtisch treffe, habe ich, trotz verkorkster Jugend, doch Einiges richtig gemacht.

46. Seefunk sendet aus Österreich

Es war Ende der 70iger Jahre und mein wirklich bester Freund, natürlich verheiratet, hatte ein Verhältnis mit einer ebenfalls verheirateten Frau.
Alle Freunde wussten Bescheid, natürlich nicht die Ehefrau.

Zu dieser Zeit hatten wir im Freundeskreis einen sogenannten „Jour fix".

Das war ein Saunaabend einmal wöchentlich, nämlich Donnerstagabend.

Am letzten Donnerstag vor Weihnachten sagte mein Freund beim Rausgehen, „wenn einer fragt, wir sind zusammen Skilaufen".

Da ich schon ewig über Weihnachten zum Skifahren nach Österreich fuhr, stutze ich kurz, wusste dann aber Bescheid.

Er fährt stattdessen zu seiner Geliebten nach Dänemark, dort wo sie ihr Elternhaus hat.

Ich verbrachte also mit anderen Freunden einige Tage in Österreich, allerdings diesmal ohne Schnee. So gingen wir wandern und kehrten oft in die zahlreichen Hütten ein.

Aber der Schnee sollte noch kommen, zwar verspätet dafür aber umso heftiger. Er kam aus Richtung Norden, sprich Dänemark und er war orkanartig.

Abgerissene Stromleitungen, Schneebruch, Winterchaos par excellence waren die Folge.

Mein Sohn hat am 31.12. Geburtstag und natürlich habe ich ihn angerufen und zu seinem Geburtstag gratuliert. Zunächst kam aber meine Exfrau ans Telefon. Sie fragte mich als erstes, ob mein Freund gut angekommen wäre, und ich erinnerte mich an den letzten Jour fix. Absprachegemäß bejahte ich kurz und ohne weiteren Kommentar. Daraufhin muss meine Exfrau umgehend diese vermeintlich gute Nachricht weitergegeben haben.

Aber just in dieser Zeit war mein Freund noch in Richtung Dänemark unterwegs, seinem Schicksal entgegen. Er war wohl bis an die Nordseeküste vorgedrungen, wo dann wirklich nichts mehr ging.

Durch die aufziehende Schneefront wurde der Norden Deutschlands zum Notstandsgebiet erklärt.

Er hatte aber das Glück sich noch auf eine Fähre retten zu können, die als Notstation für gestrandete Autofahrer eingerichtet war. Diese Fähren sind unabhängig von Elektrizität, Notstromaggregate und haben für gewöhnlich auch einen gewissen Vorrat an Lebensmitteln.

Der Schneesturm war offensichtlich so schlimm, dass er dachte, seine letzte Stunde hätte geschlagen.

Er erlebte seine persönliche Titanic. Aber mein Freund fühlte sich nicht ganz wohl in seiner Haut. Ihn plagte wohl auch etwas sein schlechtes Gewissen und so entschloss er sich, nochmal mit seiner Frau zu sprechen. Das war aber die Vor-Handyzeit, also musste er vom Schiff aus telefonieren. Seine Frau wurde über die Vermittlung des Schiffes angewählt, und zwar mit den folgenden einführenden, aber Schicksal entscheidenden Worten: „Hier ist die Seenotrufzentrale in ...!"

Das hat eine selbst sonst immer gutgläubige Ehefrau stutzig gemacht, die ihren Mann beim Skisport in Österreich wähnte und nicht auf See beim Wassersport. Ich wurde später von ihr zur Schnecke gemacht, weil ich dieses Spiel mitgemacht hatte.

Außer zweimal „ja" hatte ich gar nichts gesagt!

Dieser Freundschaftsdienst ist wohl nach hinten los gegangen, und auch diese Ehe hat dann nicht mehr lange gehalten!

47. Scheidung

Auch ich bin nicht von dem Schicksal meines Freundes verschont geblieben. Nach 6 schwierigen Ehejahren, habe ich die Reißleine gezogen und bin aus der gemeinsamen Wohnung ausgezogen. Es bringt jetzt auch nichts mit gegenseitigen Schuldzuweisungen dreckige Wäsche zu waschen. Nur so viel möchte ich dazu schreiben:
Wir haben von Anfang an nicht zueinander gepasst. Die Interessen von uns beiden waren zu verschieden. Hier der sportliche, robuste Junge aus Köln Kalk und dort die behütete, junge Frau aus gutem Hause, wo viele Führungskäfte aus Wirtschaft, Politik und Kunst verkehrten. Unserem Sohn zuliebe, der bald nach unserer Hochzeit geboren wurde, habe ich versucht die Ehe zu retten. Wenn ständig der Haussegen schief hängt, hilft man aber mit andauernden Rettungsversuchen den Kindern nicht.
Wir beide sind neue Partnerschaften eingegangen
Und diesmal hat es besser funktioniert – bis heute.
Das gilt für und beide!